Coaching Empresarial & Mentoria

Para leigos

Edição de Bolso

Coaching Empresarial & Mentoria

Para **leigos**

Edição de Bolso

Marie Taylor e Steve Crabb

ALTA BOOKS
EDITORA
Rio de Janeiro, 2020

Coaching Empresarial & Mentoria Para Leigos® — Edição de Bolso

Impresso no Brasil — 1ª Edição, 2020 — Edição revisada conforme o Acordo Ortográfico da Língua Portuguesa de 2009.

Publique seu livro com a Alta Books. Para mais informações envie um e-mail para autoria@altabooks.com.br

Obra disponível para venda corporativa e/ou personalizada. Para mais informações, fale com projetos@altabooks.com.br

Produção Editorial
Editora Alta Books

Gerência Editorial
Anderson Vieira

Produtor Editorial
Thiê Alves

Marketing Editorial
Livia Carvalho
marketing@altabooks.com.br

Editor de Aquisição
José Rugeri
j.rugeri@altabooks.com.br

Vendas Atacado e Varejo
Daniele Fonseca
Viviane Paiva
comercial@altabooks.com.br

Ouvidoria
ouvidoria@altabooks.com.br

Equipe Editorial
Adriano Barros
Ana Carla Fernandes
Carolinne Oliveira
Ian Verçosa
Illysabelle Trajano
Juliana de Oliveira
Keyciane Botelho
Larissa Lima
Laryssa Gomes
Leandro Lacerda
Maria de Lourdes Borges
Paulo Gomes
Raquel Porto
Rodrigo Dutra
Thales Silva
Thauan Gomes

Tradução
Jana Araujo

Copidesque
Carolina Gaio

Revisão Gramatical
Wendy Campos

Revisão Técnica
Ronaldo Roenick
Especialista em Data Mining e ferramentas aplicadas em IA

Diagramação
Joyce Matos

Dados Internacionais de Catalogação na Publicação (CIP) de acordo com ISBD

T238c Taylor, Marie

Coaching Empresarial & Mentoria Para Leigos– Edição de Bolso / Marie Taylor, Steve Crabb. - Rio de Janeiro : Alta Books, 2020.
256 p. : il. ; 12cm x 17cm.

ISBN: 978-85-508-0865-9

1. Coaching. 2. Empresas. 3. Negócios. I. Crabb, Steve. II. Título.

2019-2302 CDD 658.3124
CDU 658.310.845

Elaborado por Odilio Hilario Moreira Junior - CRB-8/9949

Rua Viúva Cláudio, 291 — Bairro Industrial do Jacaré
CEP: 20.970-031 — Rio de Janeiro (RJ)
Tels.: (21) 3278-8069 / 3278-8419
www.altabooks.com.br — altabooks@altabooks.com.br
www.facebook.com/altabooks — www.instagram.com/altabooks

ALTA BOOKS EDITORA

ASSOCIADO CBL Câmara Brasileira do Livro

Sobre os Autores

Marie Taylor foi coach executiva, palestrante e facilitadora de conhecimento e aprendizado. Ela iniciou sua atividade bem-sucedida de consultoria e coaching em 2002, e foi coach por mais de 18 anos. Trabalhou em outros países, apoiando líderes e suas organizações para terem sucesso.

Marie é pós-graduada em coaching e consultoria, é membro do *Chartered Institute of Personnel and Development* (CIPD), treinadora master em programação neurolinguística (PNL) e hipnoterapeuta. Possui diploma de honra e mestrado em negócios pela Universidade de Cambridge. Facilitadora e treinadora experiente, trabalhou com grupos de liderança no governo britânico, em startups de tecnologia e ciência, organizações profissionais, corporações internacionais, TV, artes e ONGs. Ela comandou um programa bem-sucedido de *leader-as-coach* (líder como coach), treinando líderes sobre como integrar habilidades práticas de coaching à gestão diária. Marie foi uma aprendiz completa e pragmática. Escreveu livros sobre pensamento, desenvolvimento de carreira e eneagrama.

Sua filosofia de coaching resume-se da seguinte forma: "A possibilidade é a base da experiência humana. Nossa verdadeira intenção é o que mais importa. Viver com um propósito é a melhor maneira de ter uma vida significativa."

Infelizmente, a significativa vida de Marie foi interrompida enquanto este livro estava sendo revisado.

Steve Crabb é empreendedor e coach empresarial, e usou sua experiência profissional em coaching e negócios com indivíduos e organizações, promovendo mudanças rápidas e duradouras em nome da excelência dos negócios. Especializado em gerenciamento de estresse e crescimento de negócios, Steve prepara e treina organizações, equipes e indivíduos para superar as próprias expectativas.

Steve foi diretor de duas empresas multimilionárias e teve negócios nas áreas de construção, TI, varejo e treinamento. Durante sua carreira empresarial, ele reconheceu o valor de uma atitude sem estresse na vida e a importância de estar apto a vender, o que levou à sua especialização em coaching e treinamento de clientes em vendas e gestão de estresse.

Steve é treinador master em programação neurolinguística (PNL), foi treinador-chefe do Dr. Richard Bandler (cocriador da PNL) e do autor best-seller e guru de desenvolvimento pessoal Paul McKenna. Crabb treinou suas equipes britânicas de PNL. Ele é coach transformador master certificado e hipnoterapeuta clínico qualificado. Combina PNL, coaching e hipnose em seu trabalho com indivíduos e grupos para gerar mudanças intensas e profundas nos clientes.

Sua carreira em coaching já dura aproximadamente 20 anos, nos quais trabalhou individualmente com milhares de clientes, incluindo famosos profissionais dos esportes, celebridades da mídia, indivíduos de alta performance, empreendedores mundialmente renomados e empresas.

Sua filosofia de coaching pode ser resumida na máxima: "Usar a PNL, o coaching e a hipnose para fazer o impossível parecer possível; o possível, parecer fácil e o fácil tornar-se natural e simples."

Dedicatória

Venho de várias gerações de pessoas com a profissão de *mascate* (empreendedores sem capital e com muitas ideias de empreendimento) em suas certidões de casamento e óbito. Este livro é para elas, particularmente para o meu avô Thomas Taylor (1902–1973), que faleceu quando eu era criança. Sua descrição de como montar um negócio sempre esteve comigo: "O que as pessoas querem comprar, pelo que pagarão e o que você quer vender?"

— MARIE TAYLOR

Dedico este trabalho à minha coautora, Marie Taylor, que faleceu tragicamente em fevereiro de 2017. Ela era uma das pessoas mais gentis que já conheci, com um senso de humor fantástico. Queria sempre compartilhar seu grande conhecimento em coaching e negócios sem restrições. Tenho orgulho de ter sido seu amigo e ter trabalhado com ela escrevendo este livro. A profundidade de seu conhecimento e sua generosidade vivem nestas páginas.

— STEVE CRABB

Agradecimentos dos Autores

Marie: Agradeço aos meus adoráveis clientes, que nunca deixaram de me surpreender. Agradeço à minha maravilhosa e excêntrica família — Kathy, Keely, Claire, Nathan, Josh, Oscar, Scarlet, Daisy, Nancy, Colin, Andy e Marie —, que foram meus melhores professores na vida. Agradeço aos meus próprios coaches, que iluminaram e percorreram comigo a jornada por lugares nos quais outros temeram pisar; em particular, à adorável Mandy Evans, em Palm Springs, cujas sabedoria, intuição e habilidade desconhecem limites. Agradeço à *Business School* da Universidade de Cambridge por me manter engajada e me ensinar o que sei sobre as realidades dos negócios, mais do que imaginava em 2001. Não menos importante, agradeço aos meus maravilhosos amigos, que têm sido incansavelmente pacientes comigo, entendendo minhas ausências em função dos prazos do livro e por me apoiarem como uma pessoa que ama as palavras. Não menos importante, agradeço ao meu amigo e coautor, Steve, que sobreviveu a essa montanha-russa comigo, apesar de sua relação tensa com o apóstrofo e da minha com a vírgula.

Agradeço à Wiley por encomendar este livro. Bajulação é subestimada, e gostei secretamente de ser cortejada e persuadida a escrevê-lo. Agradeço muito a Mark Ryan, diretor de talentos globais da Wiley, pela sugestão original. Agradeço a Steve Edwards, por seu apoio inicial; e a Annie Knight, por nos fazer agir. Agradeço, em particular, a

Vicki Adang, a editora da primeira edição deste livro, que mostrou uma incrível paciência com duas pessoas ocupadas enviando capítulos de aviões, trens e mesas de vários lugares do mundo. Sou grata por seu apoio para me adequar ao formato da *Para Leigos*, por notar o uso excessivo de infinitivos e o uso inapropriado do ponto e vírgula.

Steve: Este livro foi uma jornada pessoal de exploração e descoberta sobre dois assuntos que me trazem muita alegria na vida: negócios e coaching. Sem minha coautora, Marie Taylor, que me ligou para perguntar se eu estava interessado em escrever com ela, eu nunca teria tido a oportunidade de me deliciar dedicando tanto tempo a esses assuntos. Obrigada, Marie.

Sem a equipe da Wiley, haveria muito mais frases com minha pontuação aleatória, e algumas das minhas ideias não teriam feito tanto sentido quanto fazem agora. Agradeço em especial a Vicki Adang, a editora da primeira edição deste livro; a Elizabeth Kuball, responsável por essa edição revisada; e a Tracy Boggier. Obrigado por sua infinita paciência, orientação e disponibilidade gentis, porém firmes, ao continuar me pedindo para reescrever com mais clareza.

Há dois grupos de pessoas sem as quais eu nunca teria sido capaz de compartilhar o que compartilhei nestas páginas. Primeiro, as pessoas incrivelmente capazes e talentosas com quem tive o privilégio de estudar e treinar, em especial Paul McKenna, Dr. Richard Bandler, John e Kathleen LaValle, e Michael Neill. Todos me apoiaram, ofereceram-me a oportunidade de trabalhar com eles, continuando a aprender e a crescer; sempre serei grato.

O segundo grupo que deve ser reconhecido são meus clientes e protegidos. Sem eles, eu nunca teria desenvolvido minha prática de coaching. Agradeço por estarem dispostos a confiar em mim como seu coach e por estarem dispostos a tentar algumas coisas loucas que as pessoas pedem para fazer. Há loucura nos métodos.

Por último, mas não menos importante, agradeço à minha família e aos meus amigos, que tiveram que me aguentar quando eu me trancava por horas e pedia para não ser perturbado, especialmente Dani, Nat e Ben, que agora têm seu tempo com o papai de volta.

Sumário

Introdução

Antes, quando os donos de empresas diziam aos colegas que tinham coaches ou mentores, ouviam: "Por que precisa de um coach? O que há de errado com você?" O pensamento costumava ser que se você tem um coach, deve ter problemas que não consegue resolver por si só. Enquanto isso, nos esportes e nas artes, há muito tem sido uma prática comum para atletas de alto nível ter coaches psicólogos e de performance, e as estrelas dos palcos e das telas têm coaches de voz e atuação.

Felizmente, nos últimos 15 ou 20 anos, a conversa sobre coaching nos negócios mudou. Líderes empresariais experientes estão aproveitando os benefícios de ter um coach ou mentor profissional. É comum que tais líderes perguntem uns aos outros: "Você conhece um coach ou mentor empresarial bom?", como fariam a respeito de qualquer outro profissional, como um contador. Coaching e mentoria empresariais estão sendo vistos cada vez mais como serviços profissionais essenciais.

Uma das razões para a crescente demanda de coaching e mentoria empresariais profissionais é que o panorama de negócios atual está mudando mais rapidamente do que nunca. Quem teria imaginado 20 anos atrás as transformações provocadas pela tecnologia, o surgimento das economias chinesa e indiana, os efeitos globais da crise de crédito, a recessão e a depressão da última década? Muito mudou. O coaching empresarial trata de mudanças, como lidar com elas e auxilia clientes a entregarem resultados e a se adaptarem a mudanças políticas, econômicas, sociais e tecnológicas. O coaching empresarial apoia líderes empresariais para criarem negócios que floresçam e prosperem. Dificilmente haverá um período mais empolgante para estar nos negócios e ser um coach empresarial. As mudanças no pensamento e nas maneiras como os negócios operam significam ainda mais demanda para ótimos coaches. Você encontra oportunidades para fazer um ótimo trabalho em todo lugar.

Sobre Este Livro

Com uma experiência de coaching combinada de três décadas, nós (Marie e Steve) temos visto as diferenças positivas que um ótimo coaching tem em qualquer negócio. Em *Coaching Empresarial & Mentoria Para Leigos Edição de Bolso* compartilhamos um pouco dessa experiência e apresentamos abordagens, ferramentas e técnicas que permitem ser um incrível coach empresarial ou um incrível empresário capaz de lidar com circunstâncias variáveis.

Este livro objetiva inspirar a excelência do coaching e encorajar altas performances de todos os envolvidos no processo.

Se for coach, leia os capítulos e use as técnicas primeiro consigo mesmo; assim, não apenas terá uma abordagem prática, como viverá o que ensina. Além disso, há os benefícios de fazer mudanças positivas na própria prática de coaching.

Se for mentor, este livro é para você também. Mentores usam o conjunto de habilidades de coaching e podem aplicar muitos dos modelos descritos neste livro. A diferença é que mentores frequentemente compartilham conhecimentos e habilidades específicos de sua área de experiência profissional.

Se você é dono de empresa ou empreendedor, está lendo este livro porque quer ser seu próprio coach ou simplesmente está curioso para saber mais sobre coaching, leia os capítulos e pratique as técnicas como se estivesse sendo treinado.

Penso que...

Escrevemos este livro com dois leitores em mente: o coach profissional e o empresário. Também tiramos algumas conclusões sobre você, quer seja um coach, quer seja um empresário:

» Você ouviu falar sobre os benefícios do coaching e quer muito saber mais. Não são necessárias experiências anteriores de coaching para utilizar este livro.

» Se tem experiências anteriores com coaching ou se já é um profissional, supomos que esteja aberto a aprender e tentar coisas novas. Incluímos histórias que não foram vistas nem lidas antes, a partir de nossas experiências pessoais.

» Deseja tentar algo diferente, que faça a diferença.

» Deseja aprender com a experiência e a aplicação em vez de apenas ler. Incluímos muitos exercícios com os quais pode aprender na prática, não apenas lendo sobre eles.

Ícones Usados Neste Livro

Todos os livros da *Para Leigos* usam ícones para chamar a atenção para recursos específicos do capítulo. Os ícones ajudam a encontrar de maneira rápida e fácil tipos específicos de informações úteis:

DONOS DE EMPRESAS

Se for dono de empresa, ou apenas quiser melhorar nos negócios, preste atenção a esse ícone. Aqui, encontrará informações voltadas para seus interesses.

DICA

Esse ícone marca uma dica prática para ajudar com uma técnica ou em sua atividade de coaching.

LEMBRE-SE

Quando aparecer esse ícone, estamos enfatizando um ponto valioso, que é importante lembrar. Isso evita que você sublinhe ou use um marcador de texto conforme lê, mas sinta-se livre para marcar pontos-chave na leitura.

CUIDADO

De vez em quando, você pode querer fazer uma coisa quando o melhor seria fazer o oposto (ou não fazer nada). Chamamos a atenção para essas situações com o ícone Cuidado.

De Lá para Cá, Daqui para Lá

A equipe do Monty Python tem uma esquete maravilhosa sobre os Jogos Olímpicos. Quando o tiro de partida é disparado, os participantes correm em todas as direções.

Este livro pode ser lido exatamente da mesma maneira; ele não foi feito para ser linear, com uma linha de partida e uma de chegada. Navegue pelos títulos das partes e dos capítulos, e veja quais o atraem. Sinta-se livre para explorar as páginas e mergulhe no que parecer mais relevante no momento. Pense em cada capítulo como uma ferramenta que serve a um propósito por si só. Não é preciso ler o livro inteiro do começo ao fim, embora você possa se ver forçado a fazer isso, pois cada ferramenta se soma para criar um conjunto de ferramentas completo e abrangente.

1 Começando

NESTA PARTE . . .

Diferencie modelos de coaching e mentoria e entenda como um coach atende às diferentes necessidades de variados clientes.

Descubra como demonstrar valor agregado para clientes e assegurar que entendam que o coaching é um investimento que vale a pena.

Adapte coaching e mentoria para indivíduos, grupos e organizações.

Explore algumas das melhores metodologias de coaching e como trabalhar com muitas categorias e necessidades de negócios diferentes.

NESTE CAPÍTULO

» **Entendendo por que os negócios precisam de coaches e mentores**

» **Distinguindo coaching de mentoria**

» **Descobrindo como se desenvolver nos negócios**

Capítulo **1**

Navegando pelo Coaching e Mentoria

Negócios tratam de pessoas; organizações são sistemas complexos, e negócios e pessoas são codependentes. Precisamos correr para produzir de maneira efetiva e eficiente. Nosso mundo digital é conectado em tempo real 24 horas por dia. Essa realidade produz seus efeitos na habilidade de líderes empresariais pensarem e refletirem. Quando não reservamos um tempo para analisar as coisas, tomamos decisões ruins, ficamos menos eficientes e podemos nos tornar péssimos gestores. Também podemos perder a perspectiva sobre o que é importante em nossas vidas pessoais. A comunicação com colegas, família, amigos e associados passa a ser como se estivéssemos em encontros rápidos, levando apenas o tempo suficiente para entender o essencial e fornecer uma resposta afirmativa ou negativa. Não é sustentável constantemente combinar nossas relações com a velocidade na qual recebemos informações e as devemos responder. Somos seres sociais, precisamos nos relacionar, estar motivados, criar e ter nossa contribuição reconhecida por nós mesmos e pelos outros.

O coaching e a mentoria são um presente dos deuses, antecipado do fim do século XX, levando em conta a vida no século XXI. Empresas que usaram o coaching ao longo de alguns anos o veem como parte integrante de sua estratégia de desenvolvimento de talentos, com ambas as disciplinas resistindo à tempestade da recessão.

Definindo

Em um nível mais simples, coaching e mentoria são conversas nas quais ocorrem percepção e aprendizado. Oferecem um espaço para desacelerar e reservam um tempo para pensar, dando aos líderes tempo para se abrirem a possibilidades e, talvez, pensarem diferente.

Algumas nuances são aparentes nas definições de coaching e mentoria. Na realidade, há muita sobreposição, e os limites podem ficar nebulosos no contexto empresarial. As seções seguintes descreverão algumas definições para ajudá-lo a entender essas sutilezas.

Coaching é a arte da cocriação

O coaching, como o conhecemos, foi formado por um conjunto de disciplinas, incluindo psicologia, treinamento esportivo, desenvolvimento organizacional, ciência comportamental, sociologia e terapia. O treinamento esportivo teve a maior influência no desenvolvimento de liderança e coaching empresarial, inicialmente analisando os conceitos de foco, excelência de desenvolvimento e competência de alto nível pessoal e em equipe no fim dos anos 1970 e 1980.

Há infinitas definições de coaching. Entendemos da seguinte forma:

> O coaching envolve desde pequenas a médias mudanças de desempenho até uma grande transformação de vida. Isso às vezes exige um caminhão de demolição metafórico para derrubar velhos padrões de crenças e comportamentos antes de cocriar um

novo pensamento e bases para o crescimento. Muitas vezes, um diálogo consistente, regular e focado, com uma pitada de desafio gentil e muitas ferramentas de coaching, é suficiente.

Vemos o papel de um coach como:

- » Um cocriador, facilitador e parceiro de pensamento que ajuda os clientes a desenvolverem, avaliarem e cristalizarem ideias.
- » Um apoiador incondicional que lida com questões de vida dos clientes em tempo real, sem julgamentos.
- » Uma caixa de ressonância quando um cliente precisa ser ouvido.
- » Alguém para segurar o espelho quando um cliente tem dificuldades para se ver de forma clara.

Coaches ajudam os clientes a:

- » Enxergarem possibilidades.
- » Conseguirem clareza.
- » Desenvolverem intenções bem definidas.
- » Trabalharem em aspectos específicos para criar ótimos negócios.
- » Atuarem no que querem criar, vivendo uma vida bem-sucedida, “de propósito”

As principais organizações profissionais mantêm essa visão geral da pessoa completa. Em grande parte, abrangem os aspectos pessoal e profissional.

DONOS DE EMPRESAS

Donos de empresas esperam que um coach ofereça soluções e tenha todas as respostas. Ao considerar recrutar um coach, lembre-se de que ninguém conhece seu negócio melhor que você e que nenhum coach ou empresário sabe tudo o que há para saber sobre negócios. Pense na relação de coaching como uma colaboração, na qual o coach está lá para questionar, guiar, desafiar, repreender e auxiliar na obtenção dos resultados que você deseja. O coach não está lá para fazer seu trabalho. Prepare-se para ser desafiado a experimentar.

Mentoria é a arte de dar sábios conselhos

O trabalho do mentor é diferente do coaching à medida que um mentor compartilha regularmente sua sabedoria e experiência profissionais em particular com um aprendiz. Isso tende a ser mais específico e concentrado em torno de uma área de trabalho particular ou de desenvolvimento pessoal. Um mentor aconselha sobre problemas específicos que um aprendiz tem e compartilha contatos, advoga em prol dele durante sua carreira e o ajuda a fazer conexões úteis.

A mentoria é usada quando um cliente precisa:

- Aprender uma habilidade específica.
- Adquirir um conhecimento em particular.
- De sábios conselhos de um amigo crítico e experiente.

Distinguindo coaching e mentoria de terapia

Coaching não é terapia nem aconselhamento, embora haja métodos, modelos e técnicas usados em alguns aspectos de coaching e mentoria que vêm dessas modalidades. Qualquer um envolvido em uma relação de coaching ou mentoria precisa entender o que o coaching e a mentoria são e o que não são.

Anthony Grant, psicólogo de coaching da Universidade Macquarie, destaca a diferença entre o coaching e o simples aconselhamento:

O coaching lida com clientes funcionais. Eles querem melhorar seu desempenho em um aspecto particular da vida. A ênfase do coaching é menos em desvendar e entender problemas e dificuldades, e mais em encontrar soluções. Ele visa o futuro. O coaching não lida com questões clínicas, como depressão ou altos níveis de ansiedade; para isso, é preciso consultar um médico.

A distinção se aplica igualmente à mentoria. Você lida com o presente e o futuro dos seus clientes em vez de convidá-los a se recostarem em um divã enquanto analisa seu psiquismo, em uma paródia da análise freudiana.

Pensando nas distinções, considere os papéis profissionais que as pessoas comumente assumem em ambientes nos quais recebem apoio para aprender. A Tabela 1-1 descreve os diferentes papéis de coaching e mentoria. Ela também destaca a distinção entre facilitação e aconselhamento.

TABELA 1-1 Dimensões de Coaching e Mentoria

Papel	Relação com o Aprendiz	Foco	Narrativa
Patrocinador organizacional	Hierárquica/parental Apoia um direcionamento de carreira de longo prazo	De três a dez anos Criar sucessão em uma organização ou profissão	"Tenho um interesse de longo prazo ao apoiar, promover e monitorar sua carreira"
Mentor	Conselho sábio/sênior, embora acadêmico Conhecimento e experiência de vários anos	Meses a anos Compartilhar exemplos de conhecimento e experiência para apoiar um indivíduo ou um grupo	"Usarei minha sabedoria e experiência de longo prazo em uma área específica"

(continua)

(continuação)

Papel	Relação com o Aprendiz	Foco	Narrativa
Coach externo	Desafiadora/ facilitadora de autopercepção e desenvolvimento empresarial/ pessoal/de carreira	Três a doze meses Usar várias ferramentas para equipar um indivíduo ou grupo com habilidades e capacidades para atingir resultados gerados por clientes	“Usarei minhas habilidades de especialista para apoiá-lo ao ganhar clareza e confiança para maximizar sua contribuição"
Líder que é coach	Hierárquica com interesse pessoal em resultados	Gerenciamento contínuo Usar um estilo de coaching de liderança para apoiar indivíduos e grupos para entregarem resultados globais cuja entrega é responsabilidade do líder	“Chamarei você para determinar como apresentar resultados para atender aos objetivos organizacionais exigidos e irei capacitá-lo para que tome a ação certa"
Facilitador de aprendizado	Professor/ apoiador	Horas Compartilhar habilidades e conhecimento para permitir ao indivíduo ou grupo aprender uma habilidade específica ou adquirir conhecimento usando vários métodos de aprendizado	“Ajudarei você a desempenhar seu papel com mais eficiência ensinando o que sei ou usando minhas habilidades"

Papel	Relação com o Aprendiz	Foco	Narrativa
Conselheiro/ terapeuta	Ouvinte solidário	Meses a anos Usar uma abordagem identificável para ajudar um indivíduo, casal ou família a entender seu histórico e experiência	"Apoiarei você para desenvolver e manter uma relação melhor com você mesmo e outras pessoas"

Distinguindo o Coaching Empresarial

Trabalhar com empresas exige um nível totalmente diferente de gestão de relacionamentos, sobretudo se trabalha em organizações corporativas, em vez de em pequenos negócios liderados pelo fundador. Gerenciar triangulações é quase uma arte conforme você abre caminho ao dialogar com o cliente e o *responsável* (o gestor ou pessoa responsável pela gestão de talentos) e, às vezes, com um quarto ator, se o gerente e o gestor de talentos estiverem envolvidos em contratação e monitoramento. O diretor de operações ou financeiro pode querer se envolver no monitoramento contratual também, caso o orçamento seja substancial.

LEMBRE-SE

Capacitar o cliente inclui assegurar que as confidencialidades pertencem a ele, sujeitas, claro, às regras usuais que se aplicam se ele for um perigo para si ou para outras pessoas, se cometeu ou tem intenção de cometer um ato ilegal.

Definindo expectativas e determinando o ajuste

Os clientes querem alguém com conhecimento sobre negócios; ou seja, sobre como funcionam, sua linguagem e a realidade de se gerenciar um. Especificar se alguém precisa de experiência em um processo empresarial em particular, disciplina ou estrutura de negócios pode ser importante. Um responsável que procura um coach ou mentor para dar suporte a um CEO ou a uma equipe no planejamento de uma fusão provavelmente deseja experiência ou conhecimento para maximizar o impacto.

Um coach com anos de experiência em auditoria e contabilidade pode ser ótimo para dar suporte sobre questões profissionais a um novo diretor de finanças, mas se ele herdou um problema de alocação de pessoal que exige uma gestão de desempenho da equipe devido a uma atitude e serviços ruins ao cliente, um coach com experiência em uma disciplina orientada a pessoas poderá ser melhor. Da mesma forma, alguém que tem mais de 20 anos de experiência em coaching dentro do ambiente corporativo global pode não ser a melhor escolha para um pequeno negócio familiar que busca manter sua identidade.

Preparando-se para Ajudar

O setor global de treinamento de coaches está prosperando. Em qualquer profissão, isso resulta em alguns ótimos programas de treinamento, programas medíocres e programas terríveis, beirando a fraude. Algumas escolas de treinamento prometem que qualquer um terá uma extensa prática de coaching em um mês. Fazer o coaching de porcos voadores que usam saias de grama e tocam ukulele geralmente não é uma opção no programa, mas não parece fora do contexto. Outras sugerem que o coaching profissional é uma arte obscura, que exige vários ritos de passagem, anos de busca pelo eu interior e a habilidade de demonstrar 25 modelos de melhores práticas antes de poder realmente se dizer um coach ou mentor. Se está buscando treinamento ou deseja aprimorar suas habilidades, pesquise sobre os treinamentos disponíveis. Seja claro e específico sobre o que deseja aprender e pesquise a qualidade do curso e a experiência dos instrutores.

LEMBRE-SE

Escolha um treinamento que o encoraje a fazer coaching em boa parte do tempo. Tenha resultados claros, padrões de prática e mentoria/supervisão para ajudá-lo a perceber a própria atividade, e apoio ao enfrentar problemas que estão além de sua experiência.

Para ser um bom coach ou mentor empresarial, você precisa:

» Posicionar-se com:
  - Mentalidade de crescimento.
  - Envolvimento respeitoso com o cliente, mesmo se ele não estiver em sua melhor forma ou não for respeitoso com os outros (incluindo você).
  - Resiliência emocional e disposição para reconhecer quando está desnorteado.
  - Responsabilidade pelo bem-estar pessoal.
  - Empatia e compreensão solidárias sem entrar na montanha-russa emocional da jornada do seu cliente.
  - Avaliação autorreflexiva e desejo de experimentar, agir e fazer mais daquilo que funciona.
  - Foco absoluto nos clientes e desejo de servi-los.

» Entender:
  - Que as pessoas aprendem e desenvolvem autodomínio de formas diferentes, e que você precisa se adaptar a elas.
  - Que a teoria da motivação é sobre pertencimento, não sobre recompensas.
  - Como as empresas funcionam e o contexto do setor.
  - Os processos e as funções envolvidas em gerir um negócio e a linguagem que esse negócio usa.

- Como as mudanças pessoais e transformações acontecem.
- Como as organizações se desenvolvem e mudam.

» Ser capaz de:

- Oferecer um feedback de forma construtiva para ajudar o cliente em vez de apenas parecer inteligente e perspicaz.
- Definir resultados claros e ser flexível o bastante para acompanhar as necessidades dos seus clientes conforme elas mudam.
- Gerenciar seus limites pessoais com vários atores.
- Manter a confidencialidade, mesmo quando a pessoa que paga os honorários realmente quer saber o que acontece no processo de coaching.
- Considerar o panorama geral e partes menores.
- Desafiar para ajudar o cliente, não de maneira vazia.
- Pensar com propósito e de forma criativa.
- Estar confortável com ambiguidades e pensamentos conceituais.
- Usar o conjunto de habilidades de coaching de forma flexível e estar preparado para continuar adicionando ferramentas para ter diversas habilidades e técnicas para lidar com as várias necessidades dos clientes.
- Saber quando não é a pessoa certa para dar suporte ao indivíduo ou ao grupo dessa vez.
- Indicar outro serviço de ajuda a alguém quando for necessário algo além de sua experiência, habilidades e limites.
- Gerir bem a própria prática empresarial e ganhar a vida fazendo o que ama.

Escolhendo um coach ou um mentor

No mundo real de coaching e mentoria profissionais, é possível encontrar pessoas com meses de treinamento, mas experiência limitada, e algumas com muita experiência, mas pouco treinamento. A pesquisa destaca duas coisas em relação aos resultados de coaching e mentoria:

- » Não há nenhuma correlação positiva entre o período de tempo que uma pessoa foi qualificada como coach e os resultados do coaching.
- » Há menos correlação ainda entre os honorários que alguém cobra e o resultado do coaching.

O que importa é a relação; o ônus de estabelecer o que se busca nela fica com a pessoa que contrata o coaching ou a mentoria.

Se um futuro cliente perguntar como a relação será gerenciada, você pode mostrar algo como a Figura 1-1, que exibe um quadro típico e os elementos geralmente incluídos (este é o quadro que Marie usa).

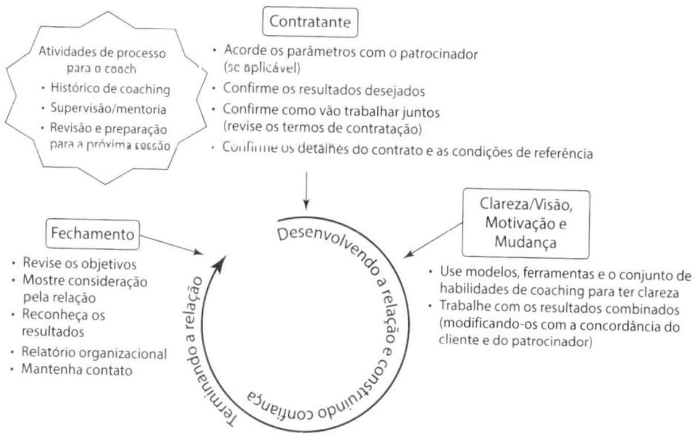

FIGURA 1-1: Um quadro simples para o coaching empresarial.

Tornando-se coach ou mentor empresarial

Se você for um coach ou mentor pessoal experiente, mas com pouca experiência em empresas, nossa sugestão é: obtenha experiência em empresas. Trabalhe em uma, gerencie ou crie a própria startup. Não importa quanto tempo passe lendo livros sobre negócios, não estará preparado para trabalhar como coach empresarial sem experiência no mundo real. É preciso entender funções, linguagem, papéis e deveres de empresas, particularmente no coaching de diretores.

Se você é um executivo empresarial experiente que quer se tornar mentor, treine usando o conjunto de habilidades do coaching e compreendendo como desenvolver relações de mentoria e contratação. É preciso aprender como não dar a alguém as respostas que você pode gerar por causa de sua experiência. Quando responder a partir da própria experiência, um cliente aceitará e até concordará com você; quando o cliente gera as respostas por si mesmo, ele se apodera das descobertas que faz e fica mais propenso a agir segundo elas. Seja claro e específico sobre o que oferece em termos de experiência. Se você é conhecido por seu excepcional histórico em conseguir contratos públicos de larga escala, provavelmente poderá facilmente aprender a ser um mentor nesse setor. No entanto, fazer a mentoria de contratações interculturais nos mercados de grãos da África e do Pacífico Asiático pode ser um desafio.

Se não tem experiência em negócios nem é um coach experiente, dedique tempo a empresas e decida sobre o tipo de ambiente do qual gosta e se sente confortável. Descubra como desenvolver o conjunto de habilidades de coaching para ser um facilitador para as pessoas. Parece simples, mas vimos muitos coaches que foram "treinados" para acreditar que tudo de que precisavam era de um treinamento de seis semanas e o mundo do coaching e da mentoria estaria em suas mãos. Isso pode ser suficiente para garantir alguns clientes para o coaching pessoal, mas raramente é o bastante no mundo empresarial e do coaching executivo.

Do Outro Lado

Desenvolvimento pessoal e aprendizado contínuo são importantes nessa área. Não é possível estar íntegro e treinar pessoas para desenvolver o autodomínio se não trabalhar isso em si mesmo.

Em sua maioria, os coaches são exímios aprendizes que veem o desenvolvimento profissional contínuo como uma característica do seu ofício. Esse desenvolvimento não é opcional, mas uma exigência central.

O Modelo de Degraus da Competência, mostrado na Figura 1-2, destaca os quatro estágios do aprendizado. Use-o para ponderar o próprio aprendizado ou ajudar os outros a descobrirem suas necessidades de aprendizado.

FIGURA 1-2: O Modelo de Degraus da Competência.

Aqui estão os quatro estágios do Modelo de Degraus da Competência:

1. **Incompetência inconsciente: O Alheio.**

   Você não sabe que não sabe (ignorância abençoada).

2. **Incompetência consciente: O Homer Simpson (Dã).**

   Você tem consciência do que não sabe (tornando-se autoconsciente).

3. **Competência consciente: O "Sou Bom e Sei Disso".**

Com experimentação, aquisição de conhecimento e/ou prática, você está praticando como fazer algo e melhorando (aumento na confiança).

4. **Competência inconsciente: O Artista Completo.**

A ação é tão natural que você nem mesmo percebe que está fazendo. (Quem, eu? O que eu fiz? Como eu faço o quê? Eu não sei!)

DICA

Pense no Modelo de Degraus da Competência à medida que considera o conjunto de habilidades de coaching ao longo deste livro. Perceba onde você está se tornando consciente das habilidades e conhecimento que usa e aos quais não está conscientemente atento.

NESTE CAPÍTULO

» Educando os clientes

» Mostrando o valor de uma perspectiva externa

Capítulo 2

Defendendo Coaching e Mentoria

Coaching de negócios objetiva mudança e crescimento, seja para o indivíduo, seja para a organização; um processo que leva as pessoas por uma jornada do ponto em que estão até aonde querem chegar. O valor do coaching está no nível de mudança que você, como coach, ajuda os clientes a atingirem. Quanto mais a diferença entre o antes e o depois de uma intervenção for identificável, mais um cliente verá valor e desejará trabalhar com você.

Tudo o que o cliente realmente quer saber é: "O que tem aí para mim?" Neste capítulo, responderemos a essa pergunta, criando uma proposta tão atraente que o cliente apenas terá que dizer: "Sim, quero seu programa de coaching."

Criar um argumento convincente para coaching e mentoria é igualmente importante se você for um líder empresarial buscando envolver as partes interessadas em um programa de coaching ou mentoria. Antes de defendê-lo na organização, você precisa saber sobre o que está falando para engajar as partes interessadas.

Assumindo o Papel de Educador

O coaching e a mentoria empresariais não são mais considerados apenas uma nova tendência de moda ou simplesmente um substituto de bem-estar para uma boa gestão. Empresários os veem cada vez mais como uma metodologia válida para avaliar e reavaliar metas e processos, e criar e produzir soluções eficientes para as necessidades empresariais.

Muitas empresas estão reconhecendo mais e mais que, durante e depois de programas de coaching, as coisas ficam diferentes. No entanto, uma empresa apenas fará um grande investimento em coaching com base na ideia de que isso a ajudará. Empresas bem-sucedidas não vão jogar montantes infinitos de dinheiro em programas que não terão um impacto positivo em seus resultados; ou, pelo menos, não por muito tempo.

Os coaches, portanto, precisam instruir potenciais clientes sobre os benefícios do coaching. Eles precisam saber como isso se traduz em melhores resultados, sejam esses:

- » Melhores lucros líquidos.
- » Melhor comunicação.
- » Níveis reduzidos de estresse, doenças e absentismo.
- » Melhora no desempenho.
- » Melhora no compromisso e na lealdade da equipe.
- » Melhora na produtividade.

Valorizando a Observação Externa

Veja uma máxima popular: "Você não pode julgar o todo pelas partes." O que esse ditado quer dizer é que não é possível ver toda a situação claramente porque está olhando perto demais os pequenos detalhes ou envolvido demais para ver o que alguém de fora poderia ver.

Um coach, no entanto, pode ver cada parte. Ele não se prende a história, política ou hábitos; está aberto a todas as possibilidades. Pode levar uma perspectiva diferente, nova e *valiosa* para a empresa. É isso que você deve explicar ao defender um programa de coaching.

Mostrando que a perspectiva do coach importa

A maioria das pessoas já tem uma ideia do valor da perspectiva. A gente escuta as pessoas dizerem "preciso tomar distância dessa situação" ou "preciso ver o problema de fora". Intuitivamente, sabemos que distância e perspectiva ajudam a ver soluções.

Como coaches, não alegamos ter uma perspectiva divina e onisciente da empresa. Não somos especialistas no assunto, nem alegamos ter todas as respostas. O que afirmamos é que conhecemos o valor da perspectiva externa e trazemos essa abordagem propositalmente para nosso trabalho, cultivando e demonstrando uma atitude de curiosidade que desafia e provoca novas formas de ver a empresa.

Uma frase geralmente usada em programação neurolinguística (PNL) é *buscar o óbvio elusivo* (encontrar mudanças pequenas e sutis que fazem a diferença nos resultados). Os coaches fazem isso. E, além das coisas sutis, também identificam o evidente ou, como se diz por aí, "o que está na cara"! A distância e a objetividade nos permitem enxergar soluções, opções e escolhas, e, assim, oferecer as intervenções adequadas.

DICA

Estar apto a demonstrar esse valor a partir de uma perspectiva externa para um cliente vale mais do que estar apto a explicar teorias. Quando for possível, um coach deve estar disposto a arregaçar as mangas e demonstrar o trabalho de mudança do coaching, em vez de explicá-lo. Se houver oportunidade de oferecer uma nova perspectiva para os clientes considerarem, então, sugerimos que a agarre com as duas mãos.

Como a perspectiva alimenta a mudança

Um indivíduo ou uma empresa que precisa de coaching precisa de mudança; alguma coisa não está funcionando ou precisa ser melhorada. A perspectiva externa permite que o coach destaque onde a mudança pode ocorrer. Em uma organização, por exemplo, as áreas de mudança identificadas incluem:

- Cultura.
- Como o trabalho é feito.
- Missão e valores.
- Identidade organizacional.
- Processos usados.
- Relação entre os membros da equipe.
- Relação entre a organização e sua equipe, clientes e fornecedores.
- Papéis.
- O tipo de trabalho feito.

Levando um cliente a um momento de iluminação

DICA

Para criar um argumento empresarial convincente para o coaching, não apenas fale sobre os benefícios para os clientes, *mostre-os*. Esteja disposto a dar a alguém a experiência de descobrir várias perspectivas alternativas. A experiência que os clientes têm ao treinar os convencerá do valor do coaching.

Nem toda nova perspectiva oferecida funcionará ou será entendida pelos clientes, mas muitas darão certo, e a responsabilidade do coach é ajudar os clientes a verem as alternativas e, então, trabalharem com as escolhas.

Identificando o Retorno sobre Investimento do Cliente

"Então, qual é o custo?" e "O que tenho que investir?" são perguntas que todos os clientes fazem, mesmo não tão diretamente. No jargão empresarial, o que eles querem saber é: "Qual é o meu retorno sobre o investimento?" e, em bom português, a pergunta é: "Então, o que eu ganho em troca do meu dinheiro?"

O retorno sobre investimento (ROI) nem sempre é fácil de quantificar e demonstrar, e dados de qualidade existentes são, muitas vezes, difíceis de obter. Um estudo rigoroso precisa estar em conformidade com as regras de testes duplo-cego aleatórios controlados e exige:

- » Reunir dados críticos de desempenho.
- » Analisar resultados e ajustá-los para influência causal e impacto sustentado.
- » Atribuir um valor monetário aos dados de resultados empresariais.
- » Calcular o custo total alocado do projeto de solução.

» Calcular o ROI e seu nível de qualidade.

» Prever e quantificar a melhoria no desempenho.

DONOS DE EMPRESAS

Ao apresentar um plano de negócios, seja você um coach, seja um líder empresarial, há uma pergunta-chave a fazer a todas as partes interessadas, e é melhor perguntar no início de qualquer preparação para um programa de coaching: "Existe alguma coisa que você acha que mudaria como resultado do coaching que o impeça de participar plenamente?" A resposta para essa pergunta revela objeções ou resistências ocultas ao se envolver ou participar completamente do programa, que poderiam surgir cedo ou tarde. Isso pode economizar um tempo valioso tanto do cliente quanto do coach quando a pergunta é feita logo no início. Reserve um tempo para explorar essa questão com o cliente e com as partes interessadas, pois, com frequência, é a resistência oculta que impossibilita um programa valioso desde o começo, apesar de haver um bom plano de negócios. Se a resistência se revela logo cedo, há chances de explorar se a objeção é legítima e como superar ou resolvê-la.

Vendendo benefícios

Nos negócios, todos são vendedores. Todas as pessoas precisam vender alguma coisa, seja vender o currículo para conseguir um emprego, a si próprio para uma promoção ou uma ideia criativa para uma equipe. Coaches profissionais que abraçam essa ideia e se tornam especialistas em vender a ideia do seu coaching têm agendas cheias e podem escolher quem treinar.

CUIDADO

Vimos muitos bons coaches caírem no esquecimento e retornarem às suas antigas carreiras porque, embora fossem bons em coaching, eram ruins em vender suas habilidades. Eles não tinham clientes suficientes e acabaram voltando aos antigos empregos. Não precisa ser assim com você!

Vendedores geralmente reconhecem que consumidores e clientes compram os *benefícios*, não os recursos de um produto ou serviço. No entanto, muitos vendedores ineficientes ainda falam sobre como são seus produtos e serviços, não sobre o que farão pelo consumidor. Os clientes estão interessados apenas no que há ali para eles. O mesmo acontece com muitos coaches quando se trata de explicar o que fazem e propor um plano de negócios convincente para o coaching.

Fazendo uma análise de custo-benefício

Você pode chegar ao ROI a partir do ponto de vista da avaliação:

» Os custos de não se fazer um coaching.

» Os benefícios de se fazer um coaching.

Experimente o seguinte exercício, com um cliente ou como uma avaliação externa antes de uma reunião. É possível fazer isso formalmente com caneta e papel ou apenas conversando. Preferimos fazer o exercício formalmente com o cliente usando papel e caneta, assim ele consegue visualizar o plano de negócios do coaching se desdobrando à sua frente.

1. **Faça um gráfico de custo-benefício.**

   Pegue um pedaço de papel e desenhe uma linha reta vertical no meio. De um lado, escreva "Custos de não se fazer o coaching e ficar na mesma" e do outro, escreva "Benefícios e valor do coaching".

2. **Analise os custos de se ficar na mesma (sem o coaching).**

   Faça boas perguntas, que revelem os custos ocultos que podem não estar óbvios para o cliente. Por exemplo:

   - Se for uma equipe de vendas, qual é o custo de não marcar reuniões porque ela não consegue lidar com as objeções a preços?

- Se o coaching for para gerenciamento de estresse, qual é o custo das licenças médicas devido ao estresse?
- Se estiver fazendo o coaching de um atendimento a cliente, qual é o custo de se substituir um cliente perdido por insatisfação?
- Como esses custos se somam ao longo do tempo, digamos, um mês, um ano, três anos?
- Quais são os custos adicionais que talvez não tenham sido totalmente considerados, por exemplo, motivação da equipe ou dano à marca? Como esses custos se traduzem em inatividade, atrasos em projetos, excesso de gastos e substituição de pessoal? Dadas as condições de mercado emergente, como esse retrato dos custos fica ainda mais amplo?

3. Analise os benefícios do coaching.

Aqui estão algumas perguntas podem ser incluídas:

- Se o coaching de uma equipe de vendas para lidar com objeções a preços gerar, em média, 10% mais vendas mensais, qual é o valor?
- Se o coaching de gerenciamento de estresse gerar, em média, 10% de redução em licenças médicas, qual é o valor?
- Se o coaching de uma equipe de serviço ao consumidor para oferecer um serviço melhor levar a 20% dos consumidores renovando um serviço por mais dois anos, qual é o valor?
- Como essas economias se somam ao longo do tempo, digamos, um mês, um ano, três anos?
- Quais são os benefícios e valores adicionais que podem não ter sido totalmente considerados ou são difíceis de monetizar, por exemplo, ambiente de trabalho feliz, melhora no desempenho ou na comunicação?

DICA

Com o cliente, trabalhe para mostrar a distinção entre o custo da inação e os potenciais benefícios e valor do coaching. Quando um cliente consegue ver a análise comparativa entre onde está agora e onde pode estar depois do coaching, fica mais propenso a dizer: "Sim, vamos fazer." Quanto maior a lacuna entre as duas situações, mais valor haverá.

Mensurando e monetizando

Na seção anterior "Vendendo benefícios", apresentamos duas abordagens para explicar que o coaching trata de clientes em potencial. Mas existe uma terceira, até melhor: destacar os benefícios e dar exemplos mensuráveis. Por exemplo:

- "Custa muito substituir um executivo estressado e esgotado. Você sabia que o custo estimado do estresse relacionado ao trabalho para as empresas norte-americanas é de mais de US$150 bilhões por ano, o que é igual a aproximadamente 10 dias produtivos perdidos todo ano para cada funcionário? Faço coaching em empresas para melhorar o gerenciamento de estresse e criar condições para as pessoas serem mais felizes, com menos doenças e absentismo, e mais produtividade. Meus clientes relatam que, em média, as doenças e o absentismo diminuem em 30%."
- "Faço coaching para tornar as pessoas mais efetivas e eficientes, o que se traduz em melhores resultados e maiores lucros. Alguns dos meus clientes têm atingido economias de 15%, em média. São milhares de dólares."
- "Faço coaching de executivos para criar e liderar equipes coesas. Os custos das taxas de recrutamento para uma empresa são, em média, de US$30 mil para substituir um membro de uma equipe sênior, fora o custo de treinar novos membros. Reter talentos não tem preço. Além disso, uma equipe experiente cumpre prazos e orçamentos de projetos com o mínimo de excessos e deslizes. As economias ficam na casa de milhares de dólares."

DICA

Recomendamos que, sempre que possível, você ofereça benefícios mensuráveis aos clientes, a partir das próprias experiências de coaching e estudos que mostrem a mudança depois do coaching. Busque sempre monetizar. Logo, se um estudo mostra porcentagens, traduza-as em termos monetários, que são de maior interesse para o cliente.

Medindo os benefícios ocultos, que os clientes não veem

Você pode ganhar um valor real sendo capaz de ajudar um cliente a ver os benefícios muitas vezes ocultos do coaching nestas áreas:

- Comunicação.
- Cultura e mudança social.
- Felicidade e bem-estar.

Ao fazer a análise de custo-benefício, você notará que o cliente começa a falar dessas áreas. A monetização nem sempre é possível ou fácil, mas você pode ter um valor real na *mensuração* para o fazer ver a necessidade do coaching não apenas na consulta, mas ao longo do processo.

É preciso definir e acordar com o cliente o que ele precisa ver, ouvir ou experimentar, para saber:

- Que o resultado desejado foi alcançado.
- Que o programa está seguindo uma direção positiva, o que inclui discutir:
  - Como o programa será mensurado.
  - Como o programa será reportado.

A seguir, está um processo de três passos chamado de Processo de Valor Oculto, que permite mensurar e destacar os benefícios resultantes do coaching que não podem ser monetizados:

1. **Calcule os *investimentos* (os recursos necessários para implementar um programa de coaching).**

   Eles são mensurados como custos. Por exemplo, as taxas para administrar o programa incluem custos com o local e equipamento, e custos com a equipe pelo tempo gasto. Avalie os custos de forma realista, pois dão uma medida precisa do investimento.

2. **Estime o *desempenho* (o resultado direto da meta do programa).**

   Assim, por exemplo, se cinco membros da equipe forem treinados para melhorarem suas habilidades de comunicação no serviço ao cliente, quantos problemas nesse serviço você deseja resolver em uma ligação em vez de em múltiplas? O desempenho pode ser estimativas melhores ou um estudo-piloto, ou os resultados do programa de coaching podem fornecer o feedback para programas futuros e avaliações de desempenho mais precisas. Se programas de coaching anteriores foram administrados com desempenho similar, você poderá usar os resultados para definir as metas de desempenho.

3. **Mensure os *resultados* (as mudanças que ocorreram ao longo do tempo).**

   Dessa forma, por exemplo, os cinco membros da equipe resolveram 10% mais problemas em uma ligação em comparação a antes do programa de coaching.

LEMBRE-SE

O que é medido é valorizado. Ao mostrar o valor dos benefícios de uma equipe mais feliz e uma cultura organizacional mais positiva, você valida o ROI.

Investindo agora para um retorno futuro

Um coaching eficiente gera mudanças. Às vezes, a mudança não é aparente ou evidente durante o processo. Por exemplo, o processo de aprender uma nova habilidade e praticá-la até que se torne um comportamento leva tempo. Visão e ideias criativas, às vezes, aparecem *depois* das sessões de coaching, em momentos de reflexão silenciosa. Muitos desenvolvimentos a partir do coaching levam tempo para se assentarem e criarem resultados.

LEMBRE-SE

Ótimos coaches lembram-se de conscientizar os clientes sobre o valor da mudança tanto na conversa sobre o coaching quanto depois, em um futuro próximo ou distante. Um erro comum entre os coaches é subestimar esse valor e fracassar em associar mudanças futuras ao trabalho que fizeram.

DICA

Quando a mudança não pode ser facilmente mensurada ou monetizada, muitas vezes é útil explicar para um cliente que nem todo trabalho de mudança tem resultados imediatos. Explique que o coaching tem quatro partes integrantes que precisam estar presentes para ser eficiente:

- Consciência de que algo precisa ou pode mudar.
- Desejo de fazer a mudança.
- Competências e habilidade de fazer a mudança.
- Compreensão de que a mudança leva tempo e pode aparecer depois ou de formas diferentes das originalmente esperadas ou antecipadas.

Dar essa explicação aos clientes é uma forma efetiva de influenciá-los a perceberem e associarem futuras mudanças positivas ao trabalho que fizeram com você.

DONOS DE EMPRESAS

Todos os funcionários alegarão estar ocupados. É uma objeção comum a investir um tempo valioso em um programa de coaching. Para assegurar que você e outras partes interessadas consigam o máximo de valor do coaching, invista tempo ao apresentar o plano de negócios para sua equipe e ter compromisso e participação totais no programa. Dessa forma, as partes interessadas não se sentirão como se tivessem que trocar um tempo valioso pelo coaching; pelo contrário, verão valor ao dedicar tempo a isso.

Adicionando Valor ao Treinar Líderes

Conforme mais empresas reconhecem o valor do coaching, elas buscam maneiras de tirar o máximo do dinheiro empregado. Como resultado, os coaches têm crescentes demandas para trabalhar ao lado de equipes de coaches existentes ou com a empresa para desenvolver seu próprio talento e programas de coaching "domésticos". A lógica da empresa é que uma equipe interna conhece o negócio melhor que as pessoas de fora, e esse coaching interno é mais eficiente do ponto de vista dos custos do que contratar um externo. Essa lógica é frequentemente baseada em palpites, pois até agora pouca pesquisa foi feita em relação ao ROI do coaching interno.

LEMBRE-SE

Ao fazer um plano de negócios para trabalhar com coaches internos ou auxiliar o desenvolvimento de talentos internos, o coach deve trabalhar com o cliente para criar um programa personalizado. Comece fazendo uma análise das necessidades para ajudar o cliente a ver qual opção melhor se encaixa em sua situação específica. Destacar os valores vistos neste capítulo, como a perspectiva externa, permite ao cliente tomar uma decisão fundamentada.

Também é possível falar sobre os altos e baixos de se treinar uma equipe interna para se tornar coach, caso o cliente decida que um coach externo é melhor. Do lado positivo:

- » O coach interno agrega uma grande vantagem à conversa sobre o coach externo: entende a cultura, pois é parte dela.
- » Responsáveis hierárquicos podem fazer coaching no trabalho e, muitas vezes, são especialistas em processar tarefas.
- » Líderes que foram treinados para ser coaches e mentores geralmente têm mais acesso e tempo do que os coaches externos. Em geral, o coaching pode ocorrer sob demanda ou quando necessário.

Vale a pena explorar as potenciais desvantagens a seguir com o cliente:

- » Estar na empresa pode levar a um pensamento construtivo de nível inferior, ou seja, não ser capaz de julgar o todo pelas partes.
- » Embora os responsáveis hierárquicos sejam especialistas em processos, a pergunta de um milhão é: são especialistas em coaching de transferência de talento? Ser capaz de transmitir habilidades para outra pessoa é um conjunto de habilidades diferente de saber como fazer bem um processo.
- » O coach interno não é imune às políticas do local de trabalho e, se lidar com informações pessoais, os coachees poderão relutar em se abrir e realmente considerar a conversa de coaching confortável para se mostrarem e serem honestos e vulneráveis.
- » Um desafio para muitos gestores que se tornam coaches é garantir que estejam capacitando e apoiando, em vez de usarem uma abordagem ditatorial de gestão. Isso não quer dizer que os gestores são ditadores; estamos apenas enfatizando que o conjunto de habilidades de um coach é diferente do tradicional de um gestor.

NESTE CAPÍTULO

» Conhecendo o negócio do seu cliente

» Gerenciando as sessões com o cliente

Capítulo 3

Desenvolvendo a Base

Habilidades e conhecimentos são, muitas vezes, subestimados no mundo do coaching.

Em webinars, cursos online, palestras, exercícios em grupo, supervisão, mentoria de coaching ou coaching pessoal, faça o que for necessário para desenvolver sua prática e a de seus clientes.

Comparando Coaching e Mentoria

Apesar de cobrirmos tanto coaching quanto mentoria neste capítulo, eles não são a mesma coisa. Um coach dá suporte aos clientes para que atinjam seus objetivos e os ajuda a esclarecer suas medidas de sucesso e impacto ao atingir seus objetivos; ajuda-os a focar "como" alcançar o que desejam de maneiras que se alinhem com seus valores.

A mentoria é usada mais adequadamente quando um cliente precisa aprender um conjunto específico de habilidades, adquirir um conhecimento em particular ou obter sábios conselhos de uma pessoa mais experiente ao longo de um período. Entenda na Tabela 3-1.

TABELA 3-1 **Mentoria e Coaching: A Diferença**

Mentoria	Coaching
Relação contínua, geralmente por um longo período	Relação por um período determinado e com recontratação regular
Mais informal; quando o mentorado precisa de conselhos/suporte ou há propósito e duração específicos	Estruturado, planejado; intervenções regulares
Mentor escolhido pela experiência ou conhecimento em uma área particular	Coach escolhido principalmente pela habilidade de facilitação, experiência de coaching e compreensão de como ajudar indivíduos e grupos a automaximizarem a contribuição em um contexto particular
Planejamento definido pelo mentorado, cujas exigências de aprendizado levam aos objetivos da mentoria; o quadro de resultados pode ser definido por um responsável	Planejamento focado em atingir objetivos iminentes específicos e pode ser definido pelo coachee ou responsável para a intervenção
Foca mais o desenvolvimento profissional	Foca mais o suporte para determinar desenvolvimentos ou soluções específicas

As diferenças entre coaching e mentoria são sutis. Ter clareza no primeiro momento e no estágio de contratação assegura que os clientes saibam o que esperar.

Habilidades de Coaching e Mentoria

Coaches e mentores precisam ter boas habilidades para gerenciar bem o tempo da sessão, ajudar seus clientes a aproveitarem o máximo de seu tempo e a fazerem mudanças em seu pensamento e abordagem.

Estar presente para a sessão

No coaching, aparecer para uma sessão não é estar presente. Um poste na rua pode estar presente. Parecer ou mostrar-se interessado também não é suficiente. Um cão dedicado pode fazer isso se você lhe mostrar um petisco. Presença é estar completamente envolvido com o cliente, e isso exige tudo do coach. É a total atenção no corpo, coração e mente. Sim, usamos a palavra *coração*. Se um coach está lá fisicamente, tem todas as faculdades intelectuais e de pensamento em alerta, mas não tem conexão emocional com a experiência do cliente, a situação é como ir ao médico e receber uma prescrição de medicamento sem ele reconhecer o impacto de sua dor. Não deixe sua compaixão em casa ao trabalhar com empresas, você está tentando ajudar pessoas a criarem empreendimentos com os quais as pessoas amam negociar!

Líderes empresariais são ocupados. Sua sessão de coaching pode ser uma das raras oportunidades que têm de parar e pensar de maneira concentrada com outra pessoa. Parte do trabalho é ajudar os clientes a removerem distrações e desacelerarem um pouco o passo para que foquem e extraiam algo de suas sessões.

DICA

Coaches precisam estar presentes para espelhar uma presença efetiva e encorajar os clientes a estarem com eles naquela oportunidade. Cultivar presença significa convidar um cliente a parar e fazer uma respiração abdominal, fechar os olhos por um segundo e permitir que os pensamentos e distrações do dia o abandonem pela próxima hora enquanto você o ajuda a focar o motivo da sessão.

Estar presente na mentoria é obviamente tão importante quanto no coaching. É preciso ir para a conversa bem preparado; mas a distância emocional é maior na mentoria.

Escuta ativa

Escutar, no coaching, não é apenas ouvir ou prestar atenção para responder, o que fazemos na maioria das conversas. Você escuta ativamente. Quando age assim, foca apenas o cliente e o ouve completamente. Escuta para entender a história do cliente, seus dilemas e os problemas que ele deseja resolver. Você ouve por linguagem, suposições, generalizações, credos, fatos e emoções. Escute por paixão, pânico, percepção e pausa. Você também precisa escutar atentamente e ser capaz de resumir o que o cliente falou. Ele precisa saber que foi ouvido para que você o atenda bem.

É necessário dar ao cliente sua atenção absoluta para:

- Extrair o problema para o qual o cliente quer ajuda.
- Verificar sua compreensão das suposições, generalizações, opiniões e fatos da história que ouviu.
- Escutar a linguagem que diz como a pessoa vivenciou o problema ou a situação. A forma como alguém se lembra de uma situação ou descreve um problema é tão importante quanto o problema em si.
- Entender o que tirar do seu kit de ferramentas de coaching para auxiliá-lo.
- Garantir que a pessoa se sente ouvida e se pode conquistar e sustentar uma relação.

DICA

Escuta ativa é escutar com a potência e o volume lá em cima; atenção completa, não do tipo: "Ah, você poderia repetir isso? Eu me distraí com a adorável pintura na parede." Sente-se em uma postura firme, esteja completamente presente e perceba tudo.

Parte do seu trabalho é ajudar os clientes a verem a si mesmos e seu comportamento. Você não pode ser um espelho claro e brilhante a menos que seu foco esteja inteiramente direcionado para o cliente. Quando ele diz: "Acho que o terno estava errado; eles estavam vestidos casualmente. Acho que podem me tomar por alguém formal demais", você deve estar apto a dizer: "Sua apresentação foi boa, e os investidores amaram o produto. Você trabalhou muito para chegar até aqui nos últimos quatro anos. Sua equipe está muito animada para ouvir que assegurou fundos para a expansão. Estão todos com você nessa. Parece que fez um ótimo trabalho. Então, se eles são tão encorajadores e estão junto de você, por que está tão preocupado por julgarem seu terno?"

Por que o coaching raramente trata do primeiro problema na conversa

A contratação pode ser complexa. Às vezes, os clientes contratam um período de coaching, começam o processo, então, mudam de ideia abertamente sobre a ajuda que querem. Como alternativa, uma questão nova, mais profunda e impactante surge na conversa. Os clientes podem estar cientes da questão secundária (que, provavelmente, é a primária) no momento da contratação ou era algo de que não tinham conhecimento. Então, por que surgiu isso? Pode haver várias razões. Confiança e espaço se destacam. Leva tempo para um coach construir uma relação com os clientes e para que confiem o suficiente para manifestar os problemas reais para os quais querem o coaching. Essa situação é bastante normal e os coaches precisam estar prontos para isso.

Quando qualquer um de nós desacelera e foca coisas que nos impactam na vida empresarial, o mero fato de criarmos espaço para pensar convida à possibilidade de outros problemas aparecerem.

Flexibilidade no coaching e da parte do coach é imperativa. Permitir a um coachee confiar no processo e considerar as sessões como um evento contínuo, em vez de pontual, realmente faz as pessoas olharem para lugares que nunca haviam considerado.

Desenvolvendo conhecimento empresarial

Se quiser dar suporte a pessoas em empresas, sobretudo nos níveis executivos nos quais decisões sobre direção, estratégia, recursos, risco e recompensas são tomadas, você precisa entender de negócios e da linguagem empresarial.

A profundidade desse conhecimento realmente depende do tipo e nível de engajamento que você busca com os clientes. Pergunte a si mesmo: com que tipo de cliente quero trabalhar? Quero me especializar em um setor particular, uma área empresarial, temática ou em um nicho definido? Quero trabalhar neste país ou globalmente? Entender o seu consumidor ideal é imprescindível. Quando você pensa em seus clientes e no nível no qual operam e desejam suporte, o que isso lhe indica?

Os conhecimentos a seguir devem ser úteis:

- Uma perspectiva do negócio, como opera, principais características e linguagem-chave usada.
- Conhecimento detalhado de um mercado geográfico particular (nacional ou global).
- Conhecimento aprofundado de uma área profissional.
- Conhecimento de uma profissão em vários mercados.
- Responsabilidades do investidor e governança.
- Uma compreensão de estruturas no nível da diretoria e deveres dos diretores.

Ter bastante clareza sobre esse conhecimento útil ajuda a desenvolver a atividade de coaching, direcionar sessões com uma ênfase específica e identificar aprendizado próprio. Seria difícil trabalhar em partes da China sem falar mandarim, e você acharia igualmente difícil fazer coaching empresarial sem entender de negócios.

Um coach experiente não precisa ser exposto necessariamente a um tipo particular de nicho empresarial para fazer o coaching naquele setor; os próprios clientes sabem disso. Mas saber como um negócio opera, conhecer a linguagem empresarial, como ler um relatório anual, o panorama de exigências de um relatório organizacional e as características genéricas de empresas nacionais e globais é útil e gera credibilidade.

Se você estiver dando suporte a uma área profissional específica, mantenha suas exigências de associação profissional atualizadas. Se estiver fazendo coaching de equipes globais, leia, pergunte e esteja aberto a diferentes normas culturais inerentes a um grupo misto. Trabalhe com preferências individuais o quanto for possível de forma prática, tendo em mente o contexto cultural e o ambiente operacional da matriz. Se normalmente faz coaching na indústria farmacêutica e conseguiu um contrato para trabalhar em hospitais, pesquise funções, estruturas e ambiente operacional.

Estruturando a Sessão com o Cliente

Planejar as sessões antes de sentar-se na frente do cliente é importante, particularmente no primeiro momento da contratação e na finalização de uma relação de coaching. Nesse meio-tempo, a estrutura precisa ser mais uma revisão de notas, alguma consideração do que funciona com o cliente e um lembrete de quais eram as necessidades do contratante no início do coaching. O restante do tempo da sessão precisa ser conduzido pelo cliente.

Entrando na atitude mental certa

Gerenciar sua mentalidade de coaching significa garantir que esteja relaxado, porém alerta, antes de uma sessão de coaching se iniciar. Estar com uma mentalidade de abertura, aprendizado e crescimento durante a sessão realmente ajuda. Lembre-se de que seu papel é estar a serviço do cliente. Parar para se preparar antes de iniciar o encontro ou pegar o telefone é o primeiro passo; apenas pare de cinco a dez minutos para limpar a mente de distrações e se comprometa a focar apenas o cliente à sua frente. Garantir que esteja em um bom estado emocional independentemente do que tenha lhe acontecido um pouco antes da sessão é uma parte essencial para estar a serviço do cliente.

A sessão de contratação

A primeira sessão com o cliente pode ser razoavelmente dividida em três partes:

- **As bases:** Onde e como trabalharão juntos; os detalhes do acordo e como funcionarão na prática; qual é o acordo com o empregador (se aplicável); onde as notas serão armazenadas e similares.
- **Respeitar a relação:** Como vocês se comportarão em relação um ao outro, implicações do cancelamento, confidencialidade, agir honestamente, limites da função e o que acontece se for necessário sugerir orientação fora do coaching.
- **Fazer a diferença:** Resultados esperados, expectativas para o trabalho individual fora da sessão, avaliação de como o cliente e outras pessoas terão sucesso e como a relação contínua de coaching será avaliada.

Criando o ambiente certo

Parece muito simples dizer que é necessário prestar atenção no ambiente de coaching e torná-lo favorável ao coaching eficiente, mas ouvimos falar de pessoas fazendo coaching em ambientes inadequados com tanta frequência que vale a pena mencionar isso aqui.

Simplificando, essa relação é profissional e, embora muitos acordos empresariais sejam feitos em campos de golfe, avisamos que esse não é um ambiente favorável, a menos que faça coaching ou mentoria de clientes entre as tacadas. Em um nível mais simples, o cliente fica distraído com o jogo. Além disso, não é possível estar completamente presente no coaching se estiver preocupado em vencer o jogo e, com isso, acabar irritando o cliente altamente competitivo.

Algumas ideias simples do que fazer para gerenciar um ambiente:

- Realize a sessão em um ambiente calmo e profissional. Sem camas ou divãs.
- Tenha luz natural, se possível.
- Tenha água à disposição.
- Tenha uma sala que comporte confortavelmente de duas a quatro pessoas se estiver treinando um indivíduo. (Alguns exercícios de coaching exigem espaço para ficar de pé e andar. Uma sala pequena demais pode afetar o resultado do exercício.)
- Use uma mesa, de preferência redonda, e sente-se lateralmente, diferente de uma entrevista.
- Use cadeiras em círculo se estiver treinando um grupo.
- Mantenha a temperatura agradável e tenha ar fresco na sala, se for possível.
- Tenha o mínimo de distrações possível.
- Desligue todos os telefones e equipamentos eletrônicos. É uma conversa de coaching, não uma consulta multitarefas.
- Tenha papel em branco e canetas à mão ou um caderno para o cliente escrever, se quiser.
- Se possível, monitore o tempo com um relógio de parede atrás do seu cliente e longe do campo de visão dele.
- Chegue cedo e organize a sala da melhor maneira possível quando trabalhar fora de seu ambiente conhecido.
- Se o coaching for a distância, tente recriar essas condições em seu espaço e encoraje o cliente a fazer o mesmo. Em particular, sugira que quaisquer papéis sejam retirados, quaisquer alertas no

computador sejam desligados e que a sala tenha um sinal do lado de fora pedindo para não ser perturbado.

» Vista roupas confortáveis e apropriadas, e abra um sorriso acolhedor.

Conheça suas limitações

Nem todos os coaches são iguais. Sim. Dissemos isso. No mundo do desenvolvimento pessoal e profissional, no qual gostamos de encontrar o melhor em todos e queremos que as pessoas sejam qualificadas e bem-sucedidas, evitamos dizer tais coisas. A verdade é que coaches são como vinho. Existe uma distância entre o vinho comprado no supermercado e a fina reserva produzida por monges trapistas no topo de uma montanha isolada, acessível por uma ponte giratória em que apenas cinco garrafas são liberadas a cada 20 anos.

Podemos pensar que somos a reserva, promover-nos como a reserva, cobrar honorários próximos ao preço da reserva, mas nem sempre sabemos se as pessoas mais próximas do padrão de supermercado estão oferecendo uma experiência de reserva por um preço razoável. O que sabemos é que algumas pessoas pensam que estão tendo a experiência da reserva, pois o preço é mais próximo do valor da garrafa com a imagem de monge trapista. No entanto, alguns clientes estão recebendo vinho no padrão reserva por preço reduzido porque alguns ótimos coaches não sabem gerenciar um negócio ou porque, simplesmente, subestimam a diferença que fazem.

Os clientes devem entender o que estão pagando. Você precisa estar confortável para explicar suas credenciais e os clientes, para perguntar sobre elas. Experiência, qualificações, treinamento e bagagem profissional são importantes. De todas, experiência é a mais importante. Por experiência, não queremos dizer horas de coaching (que são importantes); queremos dizer a vivência dos clientes com os quais o coach trabalhou e o impacto que teve. Reconhecer os limites da experiência e saber quando um coach está trabalhando acima de sua capacidade é importante. Pegar um cliente para o qual você não tem ainda a experiência e as habilidades necessárias para o coaching pode ser um desastre. É preciso saber quando dizer: "Essa não é minha área de conhecimento."

DICA

Descubra como dizer não de modo claro e gentil quando o trabalho não for para você ou souber que pode não servir bem ao cliente. Mantenha sua rede de coaching renovada e reconheça que, às vezes, faz parte do trabalho com os clientes lhes indicar outro ótimo coach. Como cliente empresarial, reconheça que alguém que é claro sobre as limitações de suas habilidades é um ótimo coach. Você desejará saber mais sobre o que ele faz e guardará os detalhes de seu contato.

Usando Modelos em Coaching e Mentoria

Um *modelo de coaching* é simplesmente uma estrutura do processo que os coaches usam para ter alguma organização dentro do coaching. Os modelos podem ser úteis para ajudar a manter as sessões nos trilhos. Pense no coaching como uma maneira de permitir aos clientes serem ainda mais qualificados e pense no modelo como o método usado para ajudá-los a percorrer o caminho para resolver um problema. Quanto mais modelos simples usar, mais fácil será para os clientes aprenderem um processo ou dois, ajudando-os a resolverem as questões quando você não estiver por perto.

É possível encontrar, literalmente, milhares de modelos de coaching. São necessárias boas ferramentas para ajudá-lo a ficar no caminho certo e gerenciar o tempo da sessão de forma eficaz. Em empresas, trabalha-se com pessoas ocupadas, que querem resultados rápidos.

É útil ter mais de um modelo em seu kit de ferramentas para dar suporte aos clientes em diferentes situações ou lidar com diferentes tipos de problemas. Às vezes, clientes com um estilo de aprendizado específico se identificam mais facilmente com um modelo particular de coaching. Em nossa experiência, especialistas em TI, cientistas e médicos parecem se identificar bem com uma abordagem mais narrativa, como o modelo CLEAR. É apenas uma observação, não uma regra. Destacamos dois modelos nesta seção que podem ser usados em coachings individuais ou em grupo.

LEMBRE-SE

Continue usando o que funciona para seu cliente e misture um pouco os modelos, em vez de permanecer rigidamente em um que você acha que funciona com base na preferência de uma pessoa. O tamanho único definitivamente não serve para todos nos modelos de coaching. A questão para os coaches é descobrir e desenvolver vários modelos para criar e manter a flexibilidade comportamental. Como coach, use modelos que sirvam para o cliente, não para você.

O modelo CLEAR

Peter Hawkins, no Bath Consultancy Group, desenvolveu o modelo CLEAR no início dos anos 1980. Como muitos modelos de coaching, esse é definido usando acrônimos (geralmente, em inglês). Tem cinco estágios ou elementos (veja a Figura 3-1):

1. **Contratar:** Abrir a discussão, definir o escopo, estabelecer os resultados desejados e concordar em estabelecer regras.
2. **Lembrar:** Usar escuta ativa e intervenções, e ajudar os clientes a desenvolver sua compreensão da situação e gerar uma percepção pessoal.
3. **Explorar:** Ajudar os clientes a entenderem o impacto pessoal que a situação tem sobre eles e desafiá-los a pensar nas possibilidades de ações futuras para resolvê-la.
4. **Agir:** Dar suporte aos clientes na escolha de um caminho à frente e decidir o próximo passo.
5. **Revisar:** Terminar a intervenção e reforçar o caminho percorrido, as decisões tomadas e o valor agregado. Sempre que possível, o cliente sintetiza suas ações, percepções e autorreflexões nesse

estágio. O coach também encoraja o feedback sobre o que foi útil no processo, o que foi difícil e o que ele gostaria mais ou menos nas futuras conversas de coaching.

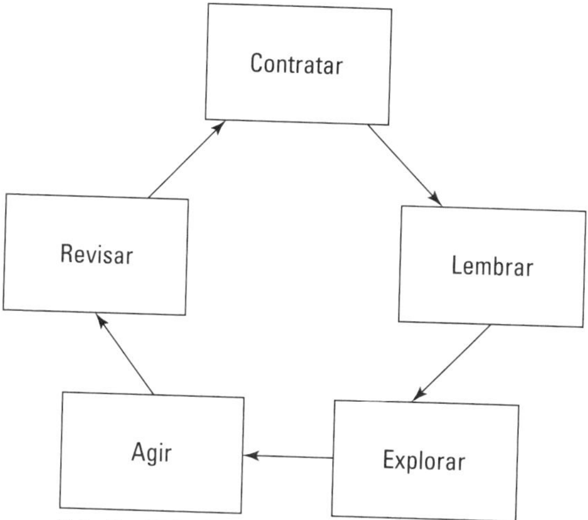

FIGURA 3-1: Os cinco estágios do modelo CLEAR.

© Hawkins, P & Smith N. (2013) Coaching, Mentoring and Organizational Consultancy: Supervision and Development. McGraw-Hill/Open University Press, Maidenhead, UK.

Esse modelo é eficaz para dar suporte a alguém que precisa resolver uma situação operacional. O modelo é útil para gerar ideias, ajudar um cliente a ver a situação de modo diferente ou identificar e avaliar as possíveis alternativas.

LEMBRE-SE

O importante sobre o modelo CLEAR é mantê-lo aberto ao diálogo. A conversa tem uma estrutura e uma direção com o objetivo global de dar ao cliente o que ele quer na sessão e deixá-lo em uma situação melhor do que estava quando sentou para conversar.

Aqui estão algumas perguntas de exemplo para ilustrar os diferentes estágios do modelo CLEAR:

- **Contratar:** A conversa deve ser baseada nesta:

  Coach: Temos mais ou menos uma hora, então, vamos checar o que é útil para você hoje. Da última vez que nos vimos, você sugeriu que gostaria de focar sua responsabilidade de líder para melhorar a diversidade no ambiente de trabalho. Ainda é o caso?

  Cliente: Sim, eu gostaria de dar uma olhada na apresentação para a diretoria que tenho semana que vem.

  Coach: Ótimo. Aonde gostaria de chegar ao final dessa uma hora?

  Cliente: O artigo já foi e estou bastante confiante, mas gostaria de passá-lo e pensar sobre a ênfase das perguntas que podem ser feitas. Gostaria de ter a confiança de que cobri todas as questões.

  Coach: O que gostaria de mim na sessão?

  Cliente: Gostaria que você agisse como ouvinte e me ajudasse a identificar as questões difíceis.

  Coach: Tudo bem. Vou monitorar o tempo, talvez fazer algumas anotações e fazer uma avaliação 10 minutos antes do final da sessão para que possamos sintetizar e ver se precisamos discutir mais alguma coisa. Tudo bem?

- **Lembrar:** O coach age como um ouvinte para testar o artigo, fazendo perguntas apropriadas, como as seguintes:
  - "Você pode explicar o que quer dizer com..."
  - "De onde veio aquela figura na página 34?"
  - "Como você sabe que é mal comparado em relação a seus concorrentes na questão do retorno das mulheres ao trabalho depois de uma licença?"

- **Explorar:** O coach ajuda o cliente a observar a questão com perguntas abertas, reflexões, desafio e síntese:

- "Então, o que estou ouvindo é que, quando chega à metade da apresentação, você se preocupa que João questione os números, pois sempre se detém às estatísticas. É isso?"
- "Me pergunto se você percebe como apresenta bem as informações e como é bom nisso usando o artigo impresso e o PowerPoint. Você parece alguém muito confiante em relação aos seus dados."
- "Então, qual é a pior coisa que João pode perguntar? Sobre qual parte do artigo você está menos confiante?"
- "O que acontece quando você fica muito ansioso com o que João pode dizer?"
- "O que acontece quando não está preocupado com o que João pode perguntar? Como pode repetir isso no dia?"
- "Você disse que João gosta de humor. Você usa um pouco, mas como poderá usar mais se João o desafiar?"
- "Então, vou resumir os pontos nos quais você disse estar confiante e o que pode fazer diferente..."

» **Agir:** O coach faz perguntas como as seguintes:

- "Então, de acordo com o que discutimos, o que você pode fazer de agora até a semana que vem?"
- "Quem precisa agir assim? Você ou alguém da sua equipe?"
- "Como pode entrar nesse estado positivo antes de ir para a reunião da diretoria?"
- "Quais outras ações você destacou hoje?"

» **Revisar:** O coach faz perguntas como as seguintes:

- "Em resumo, o que você fará como resultado dessa sessão?"
- "O que foi útil? O que foi menos útil para você hoje?"
- "Tem mais alguma coisa que você queira mencionar antes de terminarmos?"

Um modelo para mentoria

Como fã de mnemônicos, a coautora Marie usou o modelo a seguir para treinar mentores para pensarem sobre seu papel. O modelo é simples, e gostamos de simplicidade.

No seguinte modelo de mentoria, o mentor conduz e gerencia a sessão em torno de seis estágios (coaches e mentores amam vários estágios e passos).

O mentorado geralmente levanta uma questão. A sessão de mentoria começa com ideias, compartilhamento e exame de cenários. A diferença da mentoria em relação ao coaching está na quantidade de experiência pessoal que o mentor compartilha a partir da própria vida profissional. O mentor usa sua experiência para destacar os problemas que o mentorado precisa considerar e o ajuda refletir sobre opções e ações propostas. O mentorado produz um plano de ação claro.

1. **M**otive gerando ideias e opções, e compartilhando a própria experiência.
2. **E**xplore ideias, soluções, funções e cenários.
3. **N**ote a resposta do mentorado e o grau de movimentação para uma solução.
4. **T**eorize sobre possíveis impactos das ideias e opções geradas.
5. **O**rganize uma proposta de plano de ação.
6. **R**evise a sessão e a utilidade da intervenção.

NESTE CAPÍTULO

» **Cultivando "intraempreendedores"**

» **Fazendo a diferença com empresas de caráter social**

Capítulo 4

Avaliando o Cliente

Cada organização para a qual você fizer coaching é única. Até as organizações de um mesmo setor têm diferentes pessoas, processos, clientes, valores, fornecedores, e por aí vai.

Assim, o conteúdo real das sessões de coaching e mentoria varia dependendo do assunto em questão.

Criando Programas para Fazer Coaching e Mentoria em Organizações

Uma organização é feita de equipes, e as equipes consistem de indivíduos. É possível adaptar as abordagens nesta seção e usá-las tanto com indivíduos quanto com grupos.

Descobrindo o que a organização quer

Quando o telefone toca ou chega um e-mail com um convite para um coaching, seu cliente se enquadra em uma das condições a seguir:

- Acha que sabe que tipo de coaching quer.
- Suspeita que precisa de coaching, mas ainda não tem certeza do que quer.

Em ambos os casos, é preciso começar com um questionamento honesto para descobrir o que o cliente *acha* que quer e precisa, e o que ele *realmente* quer e precisa.

Definindo uma avaliação de necessidades

Uma boa avaliação de necessidades é vantajosa para a organização e o coach da seguinte forma:

- Assegura que o programa de coaching mapeie as necessidades da organização, não apenas o que o coach tem a oferecer.
- Oferece uma discussão e valida as ideias da organização de que o coaching será vantajoso.
- Identifica as objeções ocultas, muitas vezes inconscientes, ao coaching, que devem ser suscitadas antes que o processo comece, evitando que se tornem obstáculos para um coaching bem-sucedido.
- Identifica obstáculos óbvios e potenciais que o coach e a organização têm ciência de que podem afetar o sucesso de qualquer plano de coaching. Salientar esses obstáculos no início permite que um plano de contingência seja implementado para minimizar o efeito que eles têm ou assegurar que o plano de coaching desenvolvido evite que esses obstáculos ocorram.
- Estabelece uma conclusão para a avaliação pós-coaching.

Resumindo, uma minuciosa avaliação das necessidades estabelece as bases para o sucesso do programa de coaching.

Por onde começar ao fazer uma avaliação

Por causa da natureza única de cada organização, nenhuma fórmula de avaliação se encaixa em todas as empresas. A maioria já terá ideias sobre o que acham que querem, então, você pode usá-las como ponto de partida para qualquer avaliação. Essa abordagem mantém a relação com a organização desde o início.

Para identificar por onde começar a avaliação, considere as necessidades verticais e horizontais da organização:

- » Uma **avaliação vertical das necessidades** trata de três categorias de necessidades:
  - **Organizacional:** Avalia o desempenho organizacional, levando em conta pessoas e processos, demografias, tecnologia, economia e tendências políticas.
  - **Ocupacional:** Avalia competências, habilidades e conhecimento para operar com eficácia e eficiência.
  - **Individual:** Avalia o desempenho individual.
- » Uma **avaliação horizontal das necessidades** trata de metas da organização, possíveis soluções e o que pode afetar os resultados. As necessidades horizontais ficam em quatro categorias:
  - **Desempenho:** Identifica onde um nível de desempenho em competências ou comportamento precisa mudar para funcionar de maneira satisfatória.
  - **Instrumental:** Identifica onde um novo sistema, tarefa tecnológica ou processo de intervenção precisa mudar para funcionar de maneira satisfatória.
  - **Consciente:** Identifica as necessidades conhecidas por aqueles que querem operar de maneira satisfatória.
  - **Inconsciente:** Identifica as necessidades desconhecidas por aqueles que querem operar de maneira satisfatória.

Reabastecendo sua caixa de ferramentas

Roger Kaufmman, considerado por muitos como o pai da avaliação das necessidades, identificou muitas ferramentas úteis para reunir informações:

- **Observação:** Conhecimento em primeira mão é indispensável. Garanta que sua observação tenha um efeito mínimo no desempenho para não influenciar os dados. As pessoas muitas vezes agem de forma diferente quando estão sendo observadas.
- **Entrevistas:** Fazer boas perguntas revela informações que podem não estar disponíveis para a organização. Crie um espaço seguro e confidencial para que as pessoas estejam dispostas a falar a verdade, não apenas o que acham que os chefes ou você quer ouvir.
- **Questionários:** Os questionários permitem o feedback de grandes grupos. A confidencialidade permite que as pessoas se expressem e revelem informações valiosas que podem não surgir de outra forma. Considere cuidadosamente como a pessoa que prepara o questionário estrutura previamente e apresenta as perguntas feitas; isso pode influenciar as respostas recebidas.

  Por exemplo, se você inicia um questionário com "Quais são os problemas com o atendimento ao cliente?" pressupõe que há um problema com o atendimento e o questionário não suscita nenhuma solução. Um início melhor seria "Uma consulta sobre os pontos fortes e fracos do atendimento ao cliente e como podemos melhorá-lo".
- **Avaliação da descrição do cargo:** Um estudo de todas as responsabilidades e uma avaliação de competências e comportamentos exigidos para operar satisfatoriamente revelam lacunas. Essas lacunas se devem a atitude, *deficits* de competências ou, simplesmente, ter a pessoa errada fazendo o serviço errado.

» **Avaliação das dificuldades:** Onde estão os maiores desafios? Essa pergunta revela onde pequenas intervenções de coaching têm grandes impactos.

» **Conferência da solução do problema:** Aqui, você pode convidar a equipe a criar um programa com base em solução para atender às suas necessidades. Eles conhecem a empresa melhor que você, então, essa abordagem é valiosa. Porém, uma consideração importante é que, embora a equipe seja especialista no que faz, não é especialista em coaching.

» **Revisões de avaliação:** Conduzidas dentro de uma revisão de desempenho, essas revisões compreendem todas as questões anteriores.

DICA

Use essas ferramentas combinadas, pois, separadamente, não dão um panorama completo das necessidades do cliente.

Metas bem formadas e processo de resultados

Metas bem formadas e processo de resultados pertencem à programação neurolinguística (PNL), originalmente usados em intervenções terapêuticas. O processo é uma pesquisa de análise de necessidades simples, mas poderosa, focada em soluções; faz perguntas ótimas e reveladoras, e funciona para todas as categorias de avaliação vertical.

O processo destaca não apenas onde o coaching deve ocorrer, mas também possíveis gargalos que dificultem o sucesso. A seguir, uma série de perguntas para fazer ao seu cliente. Se as respostas atenderem às definições dadas pelos cinco critérios, então, as metas desejadas passaram no teste de metas e resultados bem formados. Quando suas respostas passam nos testes, é mais provável que o cliente atinja suas metas e resultados do que quando não passam.

Aqui estão os cinco critérios e testes para metas e resultados bem formados:

- **Todas as metas e resultados devem ser definidos no positivo.** Por exemplo, se você pedir para as pessoas não pensarem em elefantes azuis, primeiro elas precisam pensar em elefantes azuis para não pensarem neles. Esse resultado é semelhante a focar o problema, e não a solução. Você precisa de soluções, então, sempre quer respostas definidas no positivo. Em outras palavras, não me diga o que não quer; diga o que quer.

- **Todas as ações devem ser iniciadas e mantidas pela pessoa que deseja a meta.** Podemos controlar apenas nós mesmos, então, as ações desejadas devem partir do indivíduo. Se precisar que outras pessoas ajam, essas ações serão gargalos potenciais.

- **Metas e resultados devem ser definidos e avaliados de acordo com a evidência sensorial.** Esse critério assegura que as metas ou resultados estejam em uma linguagem que o cérebro entenda, expressa como o que vemos, ouvimos, sentimos e, se for relevante, cheiramos e provamos.

- **Atingindo metas e resultados, as intenções positivas da situação presente são preservadas.** Se você aceitar que todo comportamento ou situação surgiu com uma intenção positiva, essa intenção positiva deverá ser preservada com qualquer nova solução. Se a intenção positiva da situação presente não for preservada, então, as metas e os resultados, muitas vezes, não serão atingidos por conta de uma autossabotagem inconsciente.

- **Quaisquer mudanças devem atender à ecologia da pessoa ou organização.** Quaisquer mudanças têm efeito sobre outras partes de um sistema, então, a ecologia ou o bem-estar do sistema devem ser preservados. Se as mudanças buscadas afetarem adversamente a ecologia, as tentativas de atingir metas e resultados serão sabotadas com frequência.

Comece a pesquisa fazendo perguntas para trazer à tona a situação presente:

- » Qual é o problema/situação, especificamente?
- » Como você sabe que isso é um problema?
- » Como sabe como ter/fazer isso?
- » Como sabe quando ter/fazer isso?
- » Como sabe com quem ter/fazer isso?
- » Como sabe onde ter/fazer isso?
- » O que impede você de mudar o problema/situação?

Então, faça perguntas para trazer à tona a situação/resultados desejados:

- » **Todas as metas e resultados devem ser definidos no positivo.**
  - O que você quer, especificamente?
  - Quando, onde e com quem você quer isso?
- » **Todas as ações devem ser iniciadas e mantidas pela pessoa que deseja a meta.**
  - Quais recursos você tem para atingi-la?
  - Quais recursos estão sob seu controle?
  - Quais recursos faltam ou poderiam ser melhores?
  - De quais recursos que estão fora do seu controle você precisa?

» **As metas e resultados devem ser definidos e avaliados de acordo com as evidências sensoriais.**

- Como você saberá quando atingi-los?
- O que irá ver, ouvir, sentir, cheirar e provar?
- Como será? E daí por diante.

» **Teste para saber se atingir as metas e os resultados preservará as intenções positivas da situação presente.**

- O que acontecerá se você atingir este resultado?
- O que não acontecerá se você o atingir?
- O que acontecerá se você não o atingir?
- O que não acontecerá se você não o atingir?
- O que consegue ter ou preservar mantendo a situação atual? (Essa pergunta revela quaisquer ganhos secundários inconscientes por permanecer na situação na qual já está. Esse ganho secundário muitas vezes aparece como sabotagem ou resistência à mudança.)
- Como você sabe que vale a pena os alcançar?
- Quando, onde e com quem não ter a mudança ou resultado desejado funciona para você?

» **Quaisquer mudanças devem atender à ecologia da pessoa ou da organização.**

- Como essas mudanças afetarão sua vida? Família? Amigos? Colegas?
- O que será diferente como resultado dessas mudanças?

Rever as respostas revela onde o coaching é necessário. Assim, é possível planejar e fornecer programas de coaching e mentoria que atendam às necessidades idiossincráticas da organização.

Dando suporte a coaches e mentores

Conforme as empresas reconhecem os benefícios do coaching, com frequência, primeiro olham sua gestão de organização para ver quem tem competência, conhecimento e experiência que podem ser passados para as outras pessoas. O papel da gestão pode ser misturado como o do coach e, em algumas ocasiões, funciona. No entanto, as competências de um ótimo gestor e um ótimo coach são muito diferentes. Estar apto a dar suporte a coaches e mentores internos, especialmente aqueles em transição nas funções de gestão, é um nicho lucrativo e vantajoso para qualquer coach empresarial explorar.

LEMBRE-SE

Os benefícios de dar suporte a uma cultura de coaching dentro de uma organização são bastante reconhecidos no mundo corporativo. O paradigma mudou do tradicional estilo de gestão vertical, com comando e controle, para criar uma força de trabalho responsável e capacitada na qual todos os empregados agem de maneira colaborativa e estão comprometidos com a conquista dos objetivos e o crescimento sustentado. Fazer o coaching de coaches é uma parte essencial dessa nova maneira de gerenciar um negócio.

Supervisionar coaches e mentores é um processo de aprendizado colaborativo no qual o coach supervisor tem um diálogo reflexivo com o coach para desenvolvimento e benefício contínuos do coach e das pessoas que ele orienta.

DICA

Veja as principais áreas para focar quando estiver dando suporte a coaches e mentores nas organizações:

- **Construir relações colaborativas e de confiança, e ser claro sobre o papel de supervisor.** Defina primeiro os aspectos anteriores às estruturas e verifique se o cliente está disposto a ouvir para aprender. O coach externo está lá para dar suporte, não para fazer o trabalho do interno.

» **Concordar com processos para revisar as sessões de supervisão e os resultados do coaching.** Trate cada sessão de coaching com um coach interno como trataria qualquer cliente. Faça revisões regulares e pergunte o que está funcionando ou não. Isso mantém o foco de ambas as partes em onde podem ser feitas melhorias.

» **Permitir que os coaches tomem ciência das próprias fraquezas, pontos cegos e áreas para ter crescimento e desenvolvimento.** Esteja disposto a fazer críticas construtivas e encoraje o coach interno a ser vulnerável, honesto e aberto a feedbacks.

» **Distinguir a abordagem gerencial do controle direto; fazer o coaching encorajando liberdade, escolha, responsabilidade pessoal e empoderamento.** Sempre lembre o coach interno de ser coach, não gestor. Faça o teste pela observação; sente-se em uma sessão de coaching ou ouça uma sessão gravada.

» **Gerar novas conversas de coaching que podem não ter ocorrido ao coach porque ele está muito próximo da empresa.** Esteja disposto a apresentar novas técnicas e conceitos de coaching ao coach interno. Trabalhe com ele para montar uma caixa de ferramentas de técnicas e abordagens de coaching grande e flexível. Quanto mais escolhas tiver, melhor se tornará.

Coaching de Futuros Empresários

De acordo com o censo norte-americano, 400 mil novas empresas abrem e 470 mil fecham a cada ano. Aproximadamente 33% dos pequenos negócios vão falir durante os dois primeiros anos de funcionamento. A maioria das empresas começa com entusiasmo e muitas esperanças, e a taxa de falência não tem apenas implicações financeiras: há o custo humano para os que querem ser donos de empresas que têm que tomar a árdua, porém necessária, decisão drástica de fechar um negócio, e esse custo muitas vezes não é medido. As startups muitas vezes vão à falência por motivos comuns que podem ser evitados com um planejamento prévio e coaching adequados, e é aqui que você, o coach, entra.

O valor do coaching para startups

O coaching de alto desempenho no esporte tem um valor muito reconhecido. Significa a diferença entre ascensão e rebaixamento, entre chegar em quarto e ganhar uma medalha olímpica. A diferença se traduz em prêmios em dinheiro e contratos de patrocínio conquistados ou perdidos, valendo milhares ou até milhões. A distinção entre um profissional e um amador nem sempre é a competência. É a atitude. E uma atitude vencedora no esporte se aplica igualmente bem à arena empresarial.

Trabalho árduo e por longas horas não é o que faz uma empresa prosperar, é preciso um trabalho inteligente. Para trabalhar com inteligência, uma startup precisa de uma atitude vencedora e deve buscar formas de ser eficiente e bem-sucedida.

Poucas startups vão parar e fazer perguntas inteligentes, a menos que, claro, estejam trabalhando com um coach inteligente. Você e o novo empresário devem considerar questões como:

- » Quem já está fazendo o que eu faço? O que posso aprender com suas vitórias e fracassos? O que posso fazer melhor, mais rápido, fácil e de forma mais lucrativa? Como posso ter mais diversão no trabalho?
- » Quem é bem-sucedido em uma área empresarial diferente da minha que eu posso usar como modelo, aprender e integrar em minha própria empresa?

O coaching de uma startup é mais eficaz se feito no começo, antes que o novo empresário adquira maus hábitos medíocres. Você pode começar verificando todos os aspectos da empresa e fazendo o coaching onde mais interessa.

Guiando o faz-tudo e o limitado

Com tantos aspectos no comando de uma empresa, muitos donos de startups caem na armadilha de tentar fazer tudo eles mesmos. Um erro comum é que investem um tempo valioso e gastam energia fazendo tudo, inclusive coisas nas quais são péssimos, em vez de focar o que fazem melhor, sua *área de especialidade*.

Este exercício é chamado de Matriz de Fluxo. Pode ser usado para ajudar clientes a identificarem trabalhos que estão fazendo, mas que seria melhor delegarem para outras pessoas.

1. **Liste as tarefas empresariais nas quais se envolve e se dê uma nota como a seguir:**

   - **Fluxo:** É natural, é fácil e o tempo voa. É o que nasci para fazer.
   - **Excelente:** Se alguém me desse a tarefa, eu faria um excelente trabalho.
   - **Razoável:** Se alguém me desse a tarefa, eu faria um trabalho razoável.
   - **Péssimo:** Se alguém me desse a tarefa, provavelmente se arrependeria.

2. **Estime qual porcentagem do seu tempo você passa fazendo essas tarefas, em média, por semana.**

   Ponha as porcentagens em cada um dos quatro quadrantes da Figura 4-1, com o tempo gasto totalizando 100%.

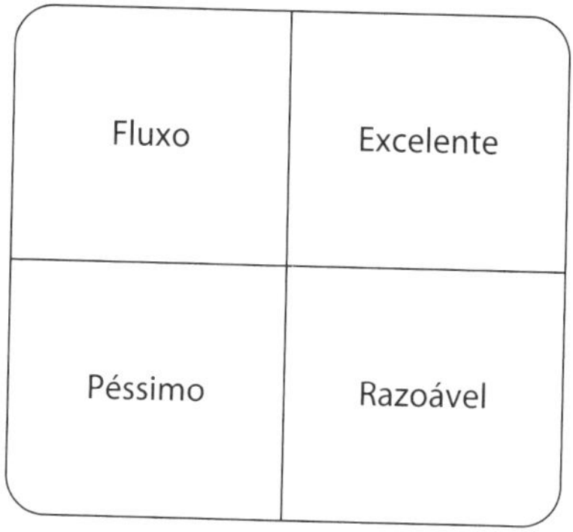

FIGURA 4-1: A Matriz de Fluxo.

DICA

Se fizer esse exercício com empreendedores bem-sucedidos, descobrirá que a maioria passa pouco ou nenhum tempo fazendo tarefas abaixo da linha média. O padrão para o sucesso é focar tarefas que você faz em um estado de fluxo e montar uma equipe de excelência e fluxo para as outras.

Ajudando Empresas Familiares a Sobreviver e Prosperar

Nos EUA, 30% das companhias são empresas familiares, com vendas acima de US$1 bilhão. No Reino Unido, elas são 66% de todas as empresas de pequeno e médio portes. A pegada econômica deixada por empresas familiares calça um belo tamanho 44.

Esse setor único e ativo tem traços e características específicos que podem ser pontos fortes e fracos. Uma análise das necessidades destaca esses pontos fortes e fracos, apontando onde o coaching beneficiaria mais a empresa.

Sabendo como o suporte é mais útil

Veja algumas áreas nas quais se pode fazer uma grande diferença com coaching ao trabalhar com empresas familiares:

- **Internalizar talentos:** Para se manter no nível dos concorrentes e crescer, as empresas precisam angariar novos talentos, de fora da família. Elas precisam saber onde os encontrar e como integrá-los.
- **Ampliar a empresa:** Jeitos velhos e tradicionais de trabalhar precisam evoluir ou ser redesenhados. O que funcionava antes pode não funcionar conforme a empresa amadurece.
- **Tomar decisões de financiamento:** A empresa familiar preocupa-se com como separar o dinheiro da família e o da empresa, e como levantar esses fundos.
- **Mudar as aspirações dos membros da família:** Conforme as necessidades mudam, as aspirações pessoais podem entrar em conflito com os valores tradicionais da família e da empresa.
- **Implementar novas mudanças tecnológicas:** As organizações que abraçam a mudança e adotam novas formas de trabalho podem ser mais bem-sucedidas, ganhando uma vantagem competitiva sobre aquelas que não estão dispostas a avançar.
- **Estrutura organizacional:** A mistura única e, muitas vezes, volátil de dinâmicas pessoais familiares, estratégia de negócio, valores empresariais e estrutura de posse cria um ambiente emocionalmente carregado, que torna a tomada de decisões e o planejamento futuro (sem mencionar a gestão diária) de uma empresa desafiadores.

Também é importante planejar sucessões e priorizar o profissionalismo acima da emoção. Exploraremos essas áreas nas seções a seguir.

Desenvolvendo o legado

O Grupo LEGO é uma marca globalmente reconhecida, que começou fazendo brinquedos de madeira nos anos 1930. Hoje, emprega mais de 10 mil pessoas e vende modernos blocos de plástico em 130 países. Ela continua firmemente nas mãos de sua família fundadora, Kirk Kristiansen, com Kjeld Kirk Kristiansen e seu filho Thomas na diretoria da empresa. No início dos anos 2000, a família contratou uma gestão profissional, uma jogada que rendeu belos frutos, com as vendas quase dobrando anualmente desde 2008, atingindo US$2,79 milhões em 2011. Essa evolução não custou os valores da família fundadora, principalmente no que tange a qualidade, comunidade e ambiente. "Apenas o melhor é bom o suficiente" é o lema do Grupo LEGO.

Levar uma gestão profissional e buscar pessoas, processos e novas rotas no mercado transformou a LEGO em poucos anos. Tal transformação requer flexibilidade e disposição para evoluir. Essa afirmativa é ainda mais verdadeira quando se tratam de empresas familiares, muitas das quais sendo calcadas em formas tradicionais de fazer as coisas, geralmente passadas à frente por gerações. Para as empresas familiares evoluírem, prosperarem e brilharem em um cenário global competitivo, elas precisam adotar abordagens ainda mais profissionais.

Às vezes, alguém supera a empresa e, em outras, a empresa supera alguém. Sua natureza moderna, com as necessidades atuais de alta tecnologia e as questões do ciclo de vida para produtos e serviços, pode não se adequar mais às gerações antigas, assim como formas tradicionais de operar não se adaptam mais às atitudes e aspirações da geração mais nova. De qualquer forma, a evolução está na sucessão cuidadosamente gerida, assegurando continuidade de liderança e gerência a uma organização.

Mantendo o profissionalismo

Os conflitos fazem parte de uma experiência normal para qualquer empresa. O *conflito construtivo* é saudável, pois demonstra um desejo dos indivíduos de expressarem suas ideias e que todos estejam dispostos a ouvir um feedback construtivo, mesmo se não concordarem com tais visões. Uma empresa exige uma cultura organizacional saudável para encorajar o conflito construtivo e lidar com ele de forma profissional. Muitas reuniões empresariais acabam com todos acenando com a cabeça em concordância com as propostas feitas e saindo sabendo que nada mudará simplesmente porque as pessoas não estão dispostas a falar, por medo de conflitos. Mas crie a cultura certa para encorajá-las a resolver quaisquer preocupações, questões ou discordâncias, e elas acompanharão.

Por outro lado, o *conflito destrutivo* (quando as pessoas tornam o conflito pessoal ou o levam para o lado pessoal) tem um efeito negativo sobre o bem-estar da equipe e da organização inteira. Uma empresa exige uma estrutura formal de gestão que engloba políticas e procedimentos para lidar com o conflito destrutivo. Muitas empresas familiares começam com estilos de gerenciamento informais, sem uma estrutura para lidar com isso.

É aqui que entra o coach ou o mentor. Com seu suporte, a organização pode começar a encorajar o conflito construtivo e lidar com o conflito destrutivo antes que se torne um problema.

DICA

Quando fizer o coaching de uma empresa familiar, sempre a oriente para:

- **Recompensar pelo mérito, não pelos laços de sangue.** A ética é "Não é pessoal, é profissional". Ponha os membros da família na folha de pagamento apenas se derem uma contribuição real. Essa regra também vale para fornecedores. Estabeleça cargos, funções, remuneração e avaliações, como é feito com alguém de fora da família.
- **Ser justo.** Tenha cuidado para não demonstrar tratamento preferencial para os membros da família. Fazer isso cria uma cultura de família versus não família, o que é uma receita para conflitos. Trate a família e as pessoas que não são da família da mesma forma quando o assunto for recompensas e disciplina.

» **Ser honesto.** Reuniões secretas com membros da família para discutir questões-chave em jantares criam divisão e dúvidas nas pessoas fora da família que deveriam fazer parte dessas discussões. Busque uma comunicação aberta e honesta.

» **Separar decisões familiares das empresariais.** Fazer a pergunta "O que você faria se essa pessoa não fosse um membro da família?" ajuda a manter o processo de tomada de decisões profissional.

» **Ter um equilíbrio saudável entre vida e trabalho que separe o pessoal do profissional.** Crie regras nas quais conversas de trabalho sejam proibidas. Você ajudará os membros da família a distinguir os dois.

Desenvolvendo Intraempreendedores

Um *intraempreendedor* é um funcionário que trabalha para uma organização em vez de se arriscar sozinho. Mas, além dessa diferença, eles agem exatamente como empreendedores. Assumem riscos calculados. Veem oportunidades em vez de obstáculos. São pioneiros em inovações. Seguem em frente com uma ideia sem ter que buscar a permissão de outra pessoa. Antecipam tendências. Criam soluções para necessidades e identificam oportunidades que, muitas vezes, geram um valor inesperado.

Empresas bem-sucedidas, como Facebook, Google e 3M, adotam o conceito de encorajar funcionários a tomar iniciativas que não fazem parte da descrição da função. Esses intraempreendedores têm, em alguns casos, transformado ideias em empreendimentos inovadores, criativos e lucrativos dentro de um ambiente organizacional existente.

Os intraempreendedores precisam da cultura e do espaço organizacionais para criar ideias, e as organizações precisam das estratégias para transformar as ideias de seus intraempreendedores em realidade. Essa mistura gera vários desafios, que levam a um pedido de ajuda do coach ou mentor. O intraempreendedorismo é uma área empolgante e em crescimento, na qual o coaching e a mentoria dão suporte ao nascimento e crescimento de inovações.

Criando espaço para inovação

Os intraempreendedores precisam de espaço criativo. Isso significa que a organização deve estimular uma cultura empreendedora que permita aos "rebeldes leais", como os intraempreendedores são muitas vezes chamados, dar um passo à frente e crescer, enquanto trabalham dentro de sistemas organizacionais, descrições de funções e culturas tradicionais.

CUIDADO

Requer coragem e comprometimento dar um passo à frente e compartilhar uma ideia. Como diz o ditado: "Santo de casa não faz milagres." Se a cultura da organização não for madura o suficiente para respeitar essa coragem, então grandes ideias ficarão nas cabeças dos intraempreendedores e nunca chegarão ao mercado. Como alternativa, e pior para a organização, os intraempreendedores se transformarão em empreendedores e levarão suas ideias para outros lugares.

Quando um intraempreendedor tem coragem para inovar, fica vulnerável e pode ser rejeitado. Ele pode colocar muito em risco ou, no mínimo, em suspensão, por exemplo, abandonando as responsabilidades da função atual; talvez os benefícios e as promoções. A organização tem que criar uma política de zona livre para que esse tipo de iniciativa prospere. O intraempreendedor ganha seu colete à prova de balas e deve ter independência para desenvolver sua ideia com sua máxima habilidade e suporte da organização.

Aqui estão algumas áreas nas quais os programas de coaching e mentoria dão suporte à organização na criação de uma cultura de intraempreendedorismo:

» Estabelecer estruturas para permitir que as pessoas tomem decisões e estejam dispostas a falar. A cultura existente em uma organização pode desencorajar esse tipo de pensamento independente, e é aí que o coaching individual e da organização agrega valor.

- Desenvolver estratégias para o pensamento criativo, permitindo que os intraempreendedores sejam revolucionários e visionários.
- Entender as estratégias e as atitudes dos empreendedores e ser capaz de aplicá-las.
- Criar incentivos para encorajar ideias, incluindo comemorar e recompensar as colaborações.

Empresas de Caráter Social

Nos últimos anos, houve um crescimento no número de livros e artigos publicados, e de palestras sobre empresas de caráter social. A filantropia nas empresas não é um conceito novo; ela existe desde que os Quakers começaram, no século XVII, talvez antes. Uma *empresa de caráter social* é uma organização que aplica estratégias comerciais para maximizar melhorias no bem-estar humano e ambiental, em vez de maximizar os lucros para acionistas externos. É possível encontrar muitos exemplos modernos de tais organizações.

Identificando os desafios da empresa

As empresas de caráter social têm os seguintes desafios em comum, todas podendo se beneficiar de coaching e mentoria:

- **Ser diligente com o dinheiro dos outros:** Os subsídios requerem muitas condições e resultados, então as empresas precisam ser cuidadosas para não perderem o propósito.
- **Comunicar:** Encontrar as pessoas certas, levá-las para o negócio e mantê-las interessadas e ativamente engajadas são atitudes para as quais excelentes habilidades de comunicação são essenciais.
- **Conseguir financiamento subvencionado:** O financiamento subvencionado é um mercado competitivo. Saber como melhor implementar ideias, desenvolver orçamentos, opções e estimativas, e cumprir com os termos do financiamento são áreas nas quais as empresas de caráter social precisam de suporte.

» **Cumprir com as responsabilidades:** A estrutura da empresa social acarreta muitas responsabilidades. Por exemplo, se for sem fins lucrativos, a transparência das operações financeiras é de vital importância.

» **Apresentar e lançar o plano de negócios:** Um dos maiores problemas é ficar sem dinheiro para gerir a empresa principal ou criar novos empreendimentos e projetos. Os investidores de risco especialistas apoiam as empresas de caráter social e realmente as entendem. Eles oferecem suporte como as participações privadas ou os investidores de risco parceiros fariam em uma empresa puramente baseada em lucro.

» **Defender o lucro:** Mesmo uma empresa sem fins lucrativos deve ter lucros! Há despesas gerais e contas para pagar, então os empreendimentos devem ser lucrativos. Além disso, a empresa precisa de uma abordagem comercial inteligente, que lhe permita atrair e manter o suporte financeiro.

» **Manter-se nos trilhos:** O truque é lembrar que as empresas de caráter social estão criando um negócio, e o objetivo é gerar lucro e aumentar a autossuficiência da forma mais rápida e viável possível. Para tanto, a empresa deve ter potencial de crescimento, pois só assim as pessoas financiarão uma bela ideia filantrópica por muito tempo. O cliente pode amar sua empresa, seu grupo de clientes e o bem social que cria, mas se seus números não crescerem, ele estará comandando caridade em busca de subsídio. Em outras palavras, seu trabalho como coach é ajudá-lo a deixar de ser dependente de financiamento e passar a criar financiamento.

Trabalhar com empresas de caráter social é uma contribuição valiosa para o bem maior. O setor tem os próprios desafios, mas você pode usar muitos dos princípios, ferramentas e técnicas padrão do coaching. Acima de tudo, sua perspectiva ajuda a empresa a dar um passo para trás e ver além de sua visão e propósito para criar planos que transformarão ideais filantrópicos em empresas reais, que fazem a diferença.

2

Criando a Mentalidade

NESTA PARTE . . .

Explore o mundo interior do pensamento e comportamento, e saiba como mudá-los.

Desenvolva autoconsciência como primeiro passo para autogestão, crescimento pessoal e excelência de desempenho.

Lide com obstáculos comuns para o coaching efetivo e garanta que o cliente fique engajado e proativo.

NESTE CAPÍTULO

» **Entendendo a complexidade do pensamento humano**

» **Mudando seu pensamento e mantendo a mudança**

» **Sabendo quando não orientar além de suas habilidades**

Capítulo **5**

Gerenciando Emoções e Pensamentos

O denominador comum entre todos os líderes é que eles têm seguidores, pessoas que são inspiradas por eles, e lideram pelo exemplo. O novo pensamento em torno da liderança é encorajar os indivíduos a trabalhar autonomamente como líderes empoderados, sendo autodidatas e autogestores. Líderes empoderados são capazes de:

- Permanecer calmos em situações desafiadoras.
- Superar as adversidades rapidamente.
- Ser criativos e ver soluções onde outros veem problemas.

Essas habilidades e competências ajudam os líderes a tomar decisões. Elas surgem naturalmente para alguns, mas também podem ser treinadas e aprendidas. Com a prática, tornam-se habituais.

Orientar clientes para se tornarem mais autoconscientes sobre como pensam e sobre o impacto que seu pensamento tem em suas emoções e comportamentos capacita-os para gerirem seu mundo interior e serem os líderes que as empresas precisam.

Entendendo o Pensamento Humano

As bases do pensamento e os vários fatores que influenciam o processamento de informações dos seres humanos são assuntos complexos. Para simplificar as coisas, veja cinco conceitos relevantes para as técnicas abordadas neste capítulo:

- **A mente armazena informação de forma holográfica.** O cérebro conta com neurotransmissores, que transmitem informações através das sinapses. Os neurotransmissores, como a dopamina e a serotonina, que são geradas por atividades que nos deixam felizes, exercício regular e exposição à luz intensa, mantêm o fluxo de informação. Os inibidores neurais, como a adrenalina e o cortisol, que são gerados por estresse positivo e negativo, restringem-no.
- **O corpo não consegue distinguir entre a representação de uma experiência claramente imaginada e uma real.** As pessoas imaginam situações e experimentam muitas respostas emocionais relacionadas a seus pensamentos, embora os eventos possam nunca ter acontecido ou ser eventos do passado. O grau no qual alguém consegue imaginar vividamente varia de um devaneio a uma alucinação clara, ou algo entre os dois; a resposta emocional experimentada pelo corpo é causada pelo que os neurologistas chamam de *padrões sinestésicos* (veja o próximo ponto).
- **A mente sobrepõe os sentidos, criando padrões sinestésicos.** *Sinestesia* é quando o cérebro converte um sentido em outro. Os

cinco sentidos através dos quais experimentamos e percebemos o mundo são *visual* (visão), *auditivo* (audição), *cinestésico* (tato), *olfativo* (olfato) e *gustativo* (paladar). Os sentidos não funcionam isoladamente. O cérebro os sobrepõe para criar ricas experiências do mundo. A sinestesia permite aos seres humanos sentir, ouvir, provar ou cheirar uma imagem visual, por exemplo, ou que um som crie uma resposta cinestésica no corpo.

» **A mente e o corpo estão em um ciclo psicocibernético.** Esse termo vem do campo da cibernética, que é o estudo de como os sistemas interagem e se regulam. No contexto do coaching e, especificamente, na gestão do mundo do pensamento e das emoções, o princípio-chave é lembrar que pensar afeta o corpo, e que a experiência no corpo afeta o pensamento. Se esse ciclo de resposta for negativo, leva a uma espiral descendente. Por exemplo, a preocupação leva à liberação de substâncias que estressam e tensionam o corpo; o estresse no corpo leva à preocupação. O ciclo psicocibernético também pode ser um ciclo de resposta positivo, no qual a lembrança de eventos felizes faz as pessoas se sentirem bem (libera substâncias neurais de bem-estar), e os bons sentimentos fazem-nas sentir novamente que a vida é boa. Isso é conhecido como *círculo virtuoso*.

» **As ações são precedidas pelo pensamento.** Se você se levanta para preparar uma bebida, primeiro tem que pensar em fazer isso; sem o pensamento, você se sentaria em uma cadeira e não agiria. Esses pensamentos são rápidos, indefinidos e aparentemente inconscientes, e ainda assim ocorrem. Os pensamentos que surgem em sua cabeça o fazendo agir ocorrem sob a forma de imagens visuais e diálogo interior. A qualidade do seu pensamento (visual ou diálogo interno) determina a de suas ações e o que você faz ou não. Um exemplo extremo desse processo é alguém que tem transtorno obsessivo compulsivo (TOC). A pessoa tem os pensamentos e sente-se compelida a fazer a atividade; o pensamento entra em um ciclo, aparentemente fora de controle, forçando-a a repetir as ações. Sem esses pensamentos, ela não agiria.

Somos o que pensamos

Uma ciência relativamente nova, chamada *psiconeuroimunologia*, estuda a interação entre o pensamento e a química do corpo em relação a distúrbios e doenças. Ao remover toda a água de você e de seus clientes, vocês serão duas pilhas de substâncias químicas em uma sessão de coaching.

LEMBRE-SE

Os pensamentos transformam-se em substâncias químicas. Se alguém tem um pensamento feliz, produz um coquetel de substâncias diferente de quando tem pensamentos depressivos, estressantes ou raivosos. A qualidade de seu pensamento muda não apenas a química de seu corpo e mente, mas também a habilidade de processar informações.

Nós nos tornamos o que praticamos

Como chegar ao topo? A resposta é praticar, praticar e praticar um pouco mais. Todo comportamento humano que é praticado conscientemente se torna um hábito inconsciente em algum ponto. A prática é a "mãe da habilidade", e todo comportamento humano é uma habilidade atingida com a repetição.

A autoconsciência ensina a ter uma gama maior de flexibilidade e autogerência sobre como se pensa e sente, possibilitando ser mais criativo e resiliente.

DICA

Considerando que todo comportamento é uma habilidade aprendida, seja tocar piano, procrastinar, ter pensamentos estressantes, seja ser exímio em alguma atividade, se alguém praticou a habilidade de depressão ou preocupação, passou muitas horas tendo pensamentos negativos e ficou bom nisso. As pessoas não conseguem desaprender uma habilidade, como não conseguem esquecer como andar de bicicleta, ler ou amarrar os cadarços. O que você orienta seu cliente a fazer é tomar consciência do que está fazendo e, se isso for negativo, orientá-lo a parar, a fim de desenvolver novas formas de pensar e, em consequência, comportar-se.

LEMBRE-SE

Orientar um cliente a tomar consciência e gerir o próprio mundo interno é realmente transformador. Antes de orientar outras pessoas a serem coerentes, pratique as técnicas consigo para liderar pelo exemplo.

Escolhendo o Estado Mais Apropriado para Cada Momento

Imagine acordar em uma manhã de segunda-feira com um empolgante dia de coaching pela frente. Porém, o chuveiro está com problema, então, você toma banho gelado; o leite está estragado, então, não toma café da manhã; e o trem está atrasado, então, precisa correr para chegar a tempo. Você chega em cima da hora (e sem fôlego) e descobre que seu primeiro cliente foi chamado para uma reunião emergencial e chegará 30 minutos atrasado, o que atrasa todo o seu dia. Enquanto espera, você checa os e-mails e descobre uma fatura atrasada do cartão de crédito, embora saiba que pagou a conta em dia. E um pouco antes de começar o coaching, recebe uma ligação da escola dizendo que não precisa se preocupar, seu filho não está seriamente machucado, mas foi levado para o hospital para uma avaliação. E assim você vai, carregando essa bagagem mental, preparado para fazer o coaching de um cliente, lidando com o estresse profissional e como isso afeta suas decisões e desempenho.

DICA

Antes de fazer o coaching de qualquer cliente, você precisa deixar a própria bagagem emocional fora da sala e entrar em um estado calmo e desenvolto. Depois, verifique se seu cliente está em um estado calmo e desenvolto antes do coaching. As aparências podem enganar. Não confie na aparência calma de alguém. Peça à pessoa para classificar seu estresse em uma escala de 0 a 10 (0 sendo totalmente calmo e 10, aaaahhhh!). Se sua resposta for algo acima de 2 ou 3, oriente-o para mudar isso; de outra forma, seu estado terá um impacto negativo em sua habilidade de participar e aproveitar completamente a sessão de coaching.

Notando os efeitos de um estado emocional negativo

Os efeitos negativos do estresse sobre julgamento, tomada de decisões, saúde e desempenho são bem pesquisados e documentados. Nos Estados Unidos, o custo estimado do estresse para as empresas é de US$150 bilhões por ano. No Reino Unido, 10,4 milhões de dias úteis são perdidos por estresse relativo ao trabalho, custando 460 milhões de libras por dia devido à ausência de funcionários e custando à economia britânica 15,1 bilhões de libras por ano. A maioria das economias desenvolvidas modernas tem estatísticas similares. O estresse custa dinheiro às empresas e prejudica o ativo mais valioso de uma organização: seu capital humano.

O que não foi tão claramente pesquisado são os custos para os indivíduos e as empresas de outros estados emocionais que afetam o desempenho, por exemplo, depressão, procrastinação, preocupação, dúvida, e o impacto que pequenos eventos estressantes diários têm nas pessoas. Nunca subestime o efeito que um trem atrasado pode ter no desempenho.

Seu estado emocional afeta como você percebe e reage ao mundo ao seu redor e como se comporta. Uma pessoa deprimida ou estressada vê o mundo como um lugar deprimente e estressante, e responde de forma diferente às mesmas situações e circunstâncias a que responderia em um estado feliz. A capacidade de desempenho das pessoas é considerada *dependente do estado.*

Modelo Comportamental de Estado

O Modelo Comportamental de Estado, mostrado na Figura 5-1, oferece um quadro para avaliar como os indivíduos criam a qualidade de seu pensamento e geram seus estados (emoções e humores). Isso é a base para um plano de autoconsciência e autocuidado. Todas as técnicas deste capítulo estão relacionadas a esse modelo.

FIGURA 5-1: O Modelo Comportamental de Estado.

© *John Wiley & Sons, Inc.*

O modelo tem quatro partes para explorar com clientes:

- **Fisiologia:** O impacto na postura, ou seja, como eles sentam, levantam, movem-se e respiram.
- **Diálogo interno:** O impacto que o diálogo interno tem nos estados é profundo; fale consigo mesmo em uma entonação gentil e se sentirá bem; fale em entonações agressivas e se sentirá mal.
- **Imagens Internas:** As imagens e filmes que as pessoas passam na cabeça têm um enorme impacto em seus estados. Esse material visual varia do preguiçoso devaneio ao pensamento traumático catastrófico de proporções épicas.
- **Ambiente:** Fatores externos, como ruído, luz, movimento, comida, bebida e drogas, afetam o estado emocional e de humor. Muitas pessoas usam os ambientes externos para mudar os estados internos, muitas vezes de maneiras pouco saudáveis e funcionais.

DICA

Sempre separe o comportamento da identidade do indivíduo. Por exemplo, pergunte: "Qual é o problema?", em de vez "Qual é o seu problema?"

Respirar é a melhor escolha

A primeira área para orientar alguém que está em um estado de desequilíbrio é a fisiologia. A maioria das pessoas acha fácil mudar a fisiologia e nota uma mudança imediata na forma como se sente.

DICA

Para identificar o padrão de congelamento, siga esses passos. Quando as instruções disserem para executar uma ação devagar, leia *muito devagar*. Se um cliente não notar nenhuma mudança durante o exercício, executou-as rápido demais.

1. **Sente-se confortavelmente com os pés apoiados no chão e os braços ao lado do corpo virados para frente. Tire um momento para relaxar e perceba como se sente dentro de seu corpo.**

   O que busca avaliar é o quanto se sente atento e alerta. Dê uma nota em uma escala de 0 a 10, com 0 sendo completamente desligado e 10, muito desperto e alerta.

2. **Lenta e cuidadosamente, abaixe a cabeça e perceba o que acontece com a sensação de consciência enquanto faz isso.**

   A maioria das pessoas experimenta uma sensação de desligamento. Conforme o queixo se aproxima do peito, a respiração torna-se superficial. Essa sensação é muitas vezes descrita como "parece que estou desligando". Dê uma nota a essa experiência de 0 a 10, para comparar com a avaliação inicial.

3. **Então levante a cabeça de novo e perceba o que acontece.**

   Conforme faz isso, você terá uma sensação de estar desperto, ciente de estar sendo ligado. Você atinge um ponto crítico aqui, no qual sente como se um interruptor tivesse sido acionado. As pessoas muitas vezes dizem que "é como ficar ativo de novo".

Ao abaixar a cabeça, restringe-se a respiração e o fornecimento de sangue para o cérebro, efetivamente mudando sua fisiologia. Ao fazer isso, entra na postura do padrão de congelamento. Simplesmente por ajustar sua cabeça, você está mudando seu estado e neuroquímica.

Considere o modo como muitas pessoas trabalham o dia inteiro, olhando para baixo, para a tela ou o teclado, e, sem querer, atingem um estado de estresse apenas por sua fisiologia e respiração.

Parecer deprimido é uma péssima escolha

Na programação neurolinguística (PNL), você encontra padrões fisiológicos chamados de sinais de movimentação dos olhos. A direção e o posicionamento dos olhos permitem a um observador treinado identificar se alguém está:

- **Acessando imagens de lembranças visuais (Lv):** Ao imaginar um evento passado lembrado.
- **Acessando imagens de construtos visuais (Cv):** Ao imaginar um evento futuro ou passado construído (construir não significa necessariamente que alguém está mentindo).
- **Acessando informações de lembranças auditivas (La):** Por exemplo, ao se lembrar de uma música ou conversa.
- **Acessando informações de construtos auditivos (Ca):** Ao imaginar uma conversa que não aconteceu.
- **Envolvendo-se em um comportamento de diálogo auditivo (Ad):** Ao falar consigo mesmo.
- **Acessando informações cinestésicas (C):** Ao experimentar sensações internas, emoções e humores.

A Figura 5-2 mostra o cliente visto da posição do observador. Os sinais de movimentação dos olhos aparecem assim.

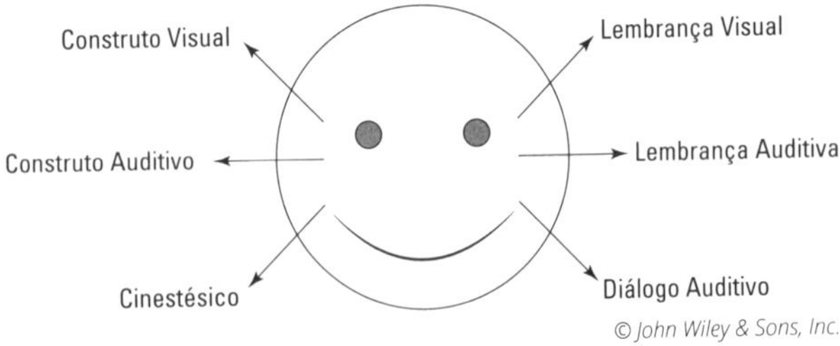

FIGURA 5-2: Sinais de movimentação dos olhos da PNL.

Você deve ter ouvido as frases "Me sinto deprimido" ou "Me sinto feliz". Essas descrições da experiência são literais. A maioria das pessoas (predominantemente as destras; para as canhotas, isso pode ser invertido) olha para baixo e para a direita para acessar sentimentos dentro do corpo. Se estiverem acessando estados positivos, tais ações não serão um problema. Apenas se os clientes estiverem acessando estados de desequilíbrio será preciso que estejam atentos à importância de mudar sua fisiologia.

DICA

Alerte o cliente para o impacto que sua postura, respiração e direção do olhar tem em seus estados e comportamentos. Consciência é o início da capacidade de mudar um hábito; conforme alguém se torna mais consciente, é possível interromper padrões de hábitos.

Se as coisas não estão melhorando, olhar para cima ajuda

A reinicialização de estresse 7/11 é uma técnica desenvolvida por Steve Crabb, que age rápido e exige pouco treinamento para ser eficiente. Ela incorpora mudanças na fisiologia, respiração e direção do olhar.

Os benefícios dessa técnica como parte de um plano de autocuidado são muitos. Como resultado, os clientes passam menos tempo em estados relacionados ao estresse e ficam mais calmos, centrados, equilibrados e resilientes. Começam a experimentar melhores padrões de sono.

DICA

Siga estes passos para tentar a reinicialização de estresse 7/11:

1. **Instrua o cliente a se sentar confortavelmente em uma cadeira, com os pés no chão e as mãos relaxadas ao lado do corpo. Peça-o para perceber se há algum estresse físico ou emocional em seu corpo e classificá-lo em uma escala de 0 a 10, com 0 sendo absolutamente nenhum e 10, o maior estresse possível.**
2. **Instrua-o a imaginar uma vela à sua frente, expirar completamente e esvaziar os pulmões como se apagasse a vela.**
3. **Instrua-o a inspirar suave e facilmente, de modo completo e profundo, pela boca enquanto expande o abdômen contando até sete.**

   Este passo assegura que a respiração aconteça no diafragma e que os pulmões inflem completamente.
4. **Quando os pulmões estiverem cheios, diga-lhe para segurar a respiração por um segundo ou dois.**
5. **Instrua-o a virar os olhos em direção ao teto.**

   Peça-o para imaginar que ele tem óculos escuros no topo da cabeça e está tentando olhar através deles sem inclinar a cabeça ou o pescoço para trás.
6. **Diga-lhe para relaxar e fechar os olhos.**
7. **Peça-lhe para expirar suavemente pela boca enquanto conta até 11.**

8. **Conforme expira, lembre-lhe de relaxar o maxilar.**

9. **Peça-lhe para relaxar seu corpo completamente, para que fique solto e mole como uma boneca de pano, começando do topo da cabeça até os dedos dos pés.**

10. **Peça-lhe para ficar atento à diferença em seu corpo e classificá-la em uma escala de 0 a 10.**

    É quase certo que ele relate uma mudança significativa depois de usar essa técnica. Faça com que a pratique de hora em hora.

Veja o que ocorre durante os diferentes estágios da técnica:

» **Ao respirar profundamente, o cliente sai de qualquer padrão de congelamento, fuga ou luta.** O coração monitora o fornecimento de oxigênio no sangue e a elevação do oxigênio dispara um sinal de resposta no cérebro, basicamente dizendo: "Ele está respirando de novo. O tigre-dentes-de-sabre deve ter ido embora, então, desligue a adrenalina. Está tudo bem."

» **Virar os olhos para cima estimula as ondas teta no cérebro, levando a um estado de relaxamento.**

» **Ao relaxar o maxilar, os músculos no pescoço e a musculatura próxima também relaxam, liberando tensões.** O maxilar é um dos ossos mais fortes do corpo; mas, nos momentos de estresse e ameaça, as articulações podem ficar vulneráveis, fazendo com que as pessoas estressadas muitas vezes apertem o maxilar.

DICA

Oriente os clientes a usarem essa técnica de hora em hora por alguns dias. Ela tem um efeito cumulativo positivo na neuroquímica do cérebro. Uma vez por dia não é suficiente para haver um impacto químico. Prepare-se para dizer: "É uma técnica que lhe permitirá se sentir bem por nenhuma razão em particular, só porque pode."

Mudando o Diálogo Interno

Todos temos diálogos internos. Todos falamos sozinhos, e não há nada de errado ou estranho nisso, embora poucas pessoas apreciem o impacto que o diálogo interno tem em seus estados emocionais, comportamentos e resultados práticos.

DICA

Faça um experimento simples de pensamento: fale consigo mesmo em uma voz confiante e otimista, motivando-se a fazer algo positivo que será bom para você, e perceba como se sente. Classifique o quão motivado se sente em uma escala de 0 a 10; com 0 sendo totalmente apático e 10, totalmente motivado.

Agora, use as mesmas palavras de antes, mas mude o tom do diálogo interno para sonolento, cansado e entediado. Faça isso por um minuto. Classifique sua motivação em uma escala de 0 a 10.

Volte à voz positiva, confiante e motivadora. Note que apenas mudar o tom de voz afeta os sentimentos. Esse é um padrão de sinestesia no qual a voz audível cria uma sensação cinestésica no corpo.

Os líderes demonstram confiança e motivação quando agem. Um tema comum de coaching são clientes que querem mais confiança e motivação quando o que estão realmente fazendo é se desmotivando e prejudicando com o próprio diálogo interno.

Entendendo que não é o que você diz, mas como

Nos anos 1960 e 1970, praticar o poder do pensamento positivo e o uso de afirmações motivacionais se popularizou. Porém, para muitas pessoas, essas práticas não serviram para mudar a maneira como se sentiam. Embora usassem palavras positivas, muitas as diziam com um tom negativo, duvidando do que falavam.

Independentemente de as palavras serem de outra pessoa ou do diálogo interno, o que é dito tem menos impacto na mente e no corpo do que o modo como é falado. Pense em uma situação na qual alguém disse alguma coisa, mas o tom transmitiu uma mensagem completamente diferente. Por exemplo, se alguém disser "Nossa, muito bem" em tom sarcástico, isso tem o maior impacto, não as palavras.

Muitas características do diálogo interno afetam os sentimentos que são criados. Aqui estão quatro:

- **Volume:** De um sussurro a um berro.
- **Velocidade:** De lento a rápido.
- **Localização:** Se a voz vem da parte frontal, traseira, lateral ou do topo da cabeça.
- **Tom:** De calmo, preocupado, sonolento ou irritado a sarcástico, feliz, irado ou amoroso.

DICA

Para identificar seu diálogo interno, experimente ficar atento às distinções entre as vozes que você usa ao praticá-lo e como o fazem se sentir:

Criando Imagens Mentais Significativas

Você provavelmente ouviu pessoas dizerem estas frases:

- "Não consigo ver o futuro claramente. Preciso de clareza."
- "As coisas estão me sufocando. Não consigo ver o caminho à frente."
- "Continuo vivendo no passado. Não consigo deixá-lo para trás."
- "Não me vejo fazendo isso", ou, "Me vejo fazendo isso."

Tome o que as pessoas dizem como uma descrição literal de suas experiências e você entenderá a maneira como pensam. Essas frases significam o que elas realmente dizem. Quando alguém diz "Não me vejo fazendo isso", a pessoa é incapaz (ainda) de criar imagens em sua mente de si mesma fazendo a atividade.

Todos criamos imagens em nossas mentes, projetando-as holograficamente para fora, de modo que as possamos ver. Algumas são chamadas *de imagens sugestivas*, pois nos impelem a agir. Por exemplo, quando alguém diz "Ah, lembrei que preciso ligar para alguém", a mente mostrou uma imagem quase como se fosse um lembrete no computador para levar a pessoa a fazer a ligação.

Aqui estão as características das imagens mentais que formamos:

» **As imagens são distinguíveis da realidade pela maioria das pessoas.** Algumas imagens emocionalmente carregadas parecem reais. Porém, há pessoas cujas imagens mentais aparecem como alucinações, tão reais quanto a realidade.

» **Algumas pessoas são mais conscientes de suas imagens mentais que outras, e algumas são melhores ao manipulá-las e gerenciá-las.** Considere arquitetos ou designers brilhantes. Eles são capazes de conceber como um espaço ficaria depois de construir um prédio ou organizar os móveis de uma maneira particular.

» **As imagens são, muitas vezes, breves e fugazes.** Os nervos nos olhos estão constantemente vibrando para processar a luz que entra e perceber o mundo. As imagens projetadas também oscilam e parecem transitórias.

O que você está observando é uma imagem holográfica projetada. Quando faz esse exercício com seus clientes, você lhes oferece uma experiência do que significam as imagens mentais. Elas não são reais. São efêmeras, projetadas e têm um efeito profundo em como as pessoas se comportam e sentem.

Focando isso, não aquilo

Grandes líderes focam não os problemas, mas as soluções. Eles mantêm o quadro geral em mente, têm clareza ao lidar com a situação e tomam boas decisões com base nas informações em mãos. Todas essas frases nos falam sobre o mundo interior de excelência e o que focam. O exercício a seguir reorganiza o cérebro para se manter em uma linha positiva e focar o resultado desejado de alguma situação.

DICA

Esse exercício é chamado de Padrão Swish. Peça ao cliente para pensar em um evento que não saiu como o esperado. Se tivesse a chance de refazê-lo, em retrospectiva, ele gostaria de ter se comportado ou agido de forma diferente?

1. **Diga-lhe para apontar onde a imagem está e perceber sua localização, distância e tamanho.**

   Ele está associado ou desassociado? A imagem é estática ou se move? É colorida ou em preto e branco? É em 2D ou 3D? Chamamos isso de *imagem passada*.

2. **Faça uma pausa: deixe-o levantar e se sacudir antes de passar para a próxima parte.**

3. **Instrua-o a imaginar uma grande tela chamada de *tela do sucesso*.**

   Nessa tela, peça-o para se ver desassociado, colorido e em um filme, lidando com a situação como gostaria de tê-la vivido. Ele deve criar um curta do sucesso e editá-lo até que esteja feliz com o resultado. Chamamos isso de *filme de sucesso*.

4. **Quando ele estiver satisfeito com o filme de sucesso, diga-lhe para encolhê-lo até o tamanho de um selo de postagem.**

5. **Diga-lhe para trazer de volta a imagem do passado e posicionar o filme de sucesso do tamanho de um selo no canto inferior direito.**

Peça-o para fazer esse passo rapidamente, para empurrar a imagem do passado para uma distância além do horizonte, torná-la menor, tão minúscula que se torne uma mancha, piscando. Então, rapidamente abra o selo do filme de sucesso para que fique grande, brilhante e colorido.

Faça isso algumas vezes, terminando com o filme de sucesso.

A cada vez, fica mais difícil recordar a imagem do passado original, que é exatamente o que você quer que aconteça.

6. **Instrua-o agora a pensar no evento.**

O cérebro automaticamente recorda a versão do filme de sucesso. Efetivamente, você agora instalou uma nova forma de pensar em relação ao evento.

DICA

Faça isso primeiro, pratique em si mesmo antes de usar essas técnicas com os clientes. Algumas podem parecer bobas, mas não são. Elas reeducam e treinam a mente para pensar de formas criativas.

Transformando o Mundo Interno com Meios Externos

A parte ambiental do Modelo Comportamental de Estado é o caminho de menor resistência para muitas pessoas. Em vez de aprender como mudar estados gerenciando a fisiologia e o pensamento, elas simplesmente se aproximam da química externa sob a forma de comida, álcool e drogas para alterar sua química interna.

A automedicação não lida com problemas presentes, que causam comportamentos disfuncionais. É simplesmente um mecanismo de enfrentamento. Quando o cliente é capaz de gerir seu mundo interno, a forma como pensa e se sente, consegue lidar melhor com o exterior.

Quando a terapia é a resposta

As técnicas e conceitos cobertos neste capítulo lidam com a autoconsciência e a autogestão, capacitando todos os indivíduos para adquirirem qualidades e características de autoliderança. Ao orientar os clientes a gerirem seu pensamento e emoções, você pode encontrar extremos que estão além de seu treinamento e experiência. Por mais tentador que seja oferecer descanso e alívio, é necessário aprender a reconhecer o limite de suas competências, assim como o do seu breve tempo com o cliente.

Se encontrar alguma das seguintes situações, encaminhe a especialistas:

» Clientes que têm alucinações auditivas ou visuais e acham difícil distinguir a alucinação da realidade.

» Clientes que são viciados em substâncias (comida e entorpecentes).

» Clientes que sofrem de transtorno de estresse pós-traumático (TEPT).

» Clientes diagnosticados com transtorno bipolar ou que não foram diagnosticados, mas demonstram grandes oscilações de humor entre euforia e depressão.

» Clientes suicidas em potencial.

» Clientes que exibam comportamento violento ou agressivo.

CUIDADO

Esteja sempre a serviço de seus clientes, mas ponha o próprio bem-estar físico em primeiro lugar. Se estiver sob risco ou se sentir intimidado, interrompa a sessão. Também recomendamos que, em seus termos e condições, você inclua uma cláusula para encerrar um contrato de coaching se receber qualquer forma de ameaça de um cliente, física ou verbal.

NESTE CAPÍTULO

» Construindo credibilidade ao agir com autenticidade

» Abraçando a adaptação

» Pensando em resultados

» Gerindo a ambiguidade

Capítulo 6

"Fiz do Meu Jeito" É o Pior Epitáfio

Como uma empresa é percebida é reflexo de como é liderada e gerida. Líderes que são incapazes de levar as opiniões dos outros em consideração podem acabar com a empresa. Aqueles que levam ótimas pessoas para suas equipes de liderança e são receptivos a novas ideias criam organizações sustentáveis. Em um mundo que muda rapidamente, as empresas precisam ser capazes de se adaptar, e rápido. Os líderes precisam ser autoconscientes, capazes de lidar com várias condições e bons em reconhecer quando os próprios egos estão atrapalhando o caminho para fazer as escolhas certas para seus negócios.

A Inflexibilidade Leva à Extinção

As organizações que se adaptam adotam a flexibilidade e, quanto maiores, mais descentralizadas precisam ser para permanecerem bem-sucedidas. Tais organizações estão mais confortáveis com o caos e a experimentação. Estão confortáveis ao cometer erros e assumir riscos. Décadas de sucesso não são mais garantia de que uma empresa continuará a se desenvolver e prosperar no futuro. Há muitos exemplos de empresas que falharam em se adaptar e não existem mais. "Adapte-se ou morra" pode parecer um mantra cruel para os líderes corporativos ouvirem, mas você precisa progredir constantemente e se adaptar às novas oportunidades do mercado, a menos que queira seguir o mesmo caminho da Woolworth, Pan Am e incontáveis outras empresas líderes que fracassaram em mudar com o tempo.

Se assistir a um programa de televisão, verá o comportamento humano em relação ao apetite por risco em larga escala. Qualquer jogo que envolva risco e dinheiro normalmente vê participantes dispostos a apostarem uma grande quantia de dinheiro na esperança de ganhar uma quantia maior, embora assumam o risco de perder o que já têm. Outros adotam uma abordagem baseada na conveniência, na qual mantêm a oferta da banca, porque a quantia é mais do que poderiam esperar e têm medo de perdê-la, em vez de dobrar seu dinheiro. Não é diferente nos negócios ou no mercado de ações. Uma empresa sem apetite por risco é uma empresa estática.

A inovação exige uma liderança adaptável

Os CEOs e líderes sênior têm o panorama completo. Podem ver como o mosaico de suas organizações e indústrias se encaixam. Para uma organização operar, processos, sistemas, estrutura e fluxo de ideias precisam funcionar, mas é a habilidade dos líderes de articular o que querem e a motivação que faz a liga e evita que as partes se desgrudem. Os líderes que não explicam bem o porquê começam a parecerem líderes "porque sim". Deixar uma cópia de *Como Fazer Amigos e Influenciar Pessoas* na meia de Natal provavelmente não irá mudá-los. A percepção pessoal vem com a reflexão e a aplicação do aprendizado.

O grau de adaptação no nível organizacional depende do tipo de organização, das condições econômicas e das demandas das partes interessadas. As artes oferecem ótimos exemplos disso. Museus e galerias de arte têm que se adaptar para sobreviver devido a mudanças no financiamento artístico e na demanda dos consumidores.

A adaptação exige que os líderes sejam confiantes para identificar e abraçar oportunidades, experimentando e cometendo erros. Obviamente, o custo de assumir riscos tem que estar em um nível que a empresa tolere. Isso também exige que as pessoas tenham liberdade de agir e confiança para agir no melhor interesse para a organização. Os líderes precisam ser capazes de confiar nas pessoas para oferecer e reconhecer suas contribuições. Um líder ultracontrolador pode ter dificuldades e se tornar mais um obstáculo do que um facilitador se não aprender a recuar um pouco.

DONOS DE EMPRESAS

Respire fundo aqui e esteja disposto a ser vulnerável. Pergunte a seus pares e colegas como percebem você em termos de flexibilidade de comportamento, disposição para ouvir e aversão ao risco. Se estiver disposto e for corajoso o suficiente para ouvir uma opinião sincera dos outros, isso revelará informações valiosas sobre você como líder. Lembre-se de ouvir o que dizem como feedback profissional, não crítica pessoal.

Disposição para Pedir Ajuda Quando Estiver Fora de Sua Alçada

Todo mundo atinge um ponto de incompetência consciente na vida, aquele momento em que percebemos que não sabemos algo que precisamos ou não somos tão competentes quanto pensávamos. Mentores com mais experiência empresarial ou em uma área de especialização específica podem realmente ajudar aqui. Um bom mentor é capaz de ajudar um coach a identificar o que ele não sabe sobre desenvolver sua prática e o levar a preencher as lacunas. Um mentor é capaz de identificar um plano de aprendizado e estabelecer uma lista de responsabilidades para manter o coach nos trilhos. É aconselhável ter um quadro e fazer o coach/dono de empresa registrar seu progresso e desafios, pois esse quadro ajuda o mentorado a reconhecer padrões e consolidar o aprendizado.

Implementando o Pensamento Certo para o Problema Certo

Ocupado, ocupado, ocupado. Às vezes, estamos ocupados demais nos negócios para pensar direito ou pensar de formas criativas quando a necessidade surge. Saímos dos trilhos e, fazendo isso, podemos esquecer que outras pessoas têm pensamentos e ideias para contribuir também. A maioria dos nossos pensamentos tem propósito e, ainda assim, pode não estar focada da maneira certa.

Pensando com propósito

Pensamento com propósito significa criar consciência de pensamento. É entender a qualidade de nosso pensamento e do que chama a nossa atenção. Fazer perguntas como: Onde precisamos focar nosso pensamento nessa situação? O que estamos presumindo? Como podemos ver isso de forma diferente? Quais crenças temos nessa equipe em relação a essa questão? Quais valores trazemos no coração? O que não estamos nos perguntando? O que não está presente aqui? Como podemos ver essa ideia sem julgá-la nesse momento?

As pessoas fazem julgamentos todos os dias com base em pressupostos assumidos. Elas fazem isso porque trabalhar com falsas suposições pesa nos negócios. Conhecemos empresas (mais de uma ou duas) que discutiram sobre desenvolvimento de fusões ou uniões e tiveram várias reuniões exploratórias antes de poderem entender que estavam tendo conversas diferentes. Uma pensa que está propondo uma aquisição; a outra, que está buscando uma parceria. De forma alternativa, talvez os números na discussão estivessem em moedas diferentes. Muito foi escrito sobre o pensamento nos últimos anos, e pode ser útil no coaching ao ajudar clientes a entenderem a diferença entre pensamento rápido e lento, o que é descrito na Tabela 6-1. Essa tabela o ajuda a convidar um cliente a abordar um problema específico usando uma estratégia de pensamento diferente.

TABELA 6-1 **Pensamento Rápido versus Pensamento Lento**

Pensamento Rápido	Pensamento Lento
Baixo nível de consciência	Alto nível de consciência
Instintivo e intuitivo	Deliberado e racional
Automático e imediato	Planejado e exige atribuição de tempo
Processamento mental menos consciente	Pensamento mental consciente
Sem sensação de controle	Sensação de controle
Memória e percepção mais recuperação de padrão familiar	Memória e ideias produtivas mais identificação de uma nova sequência
Sem esforço	Exige esforço
Às vezes responde a uma pergunta mais fácil do que a pergunta feita	Em geral, conhece o processo lógico pelo qual a pergunta foi respondida
As sensações corporais respondem rapidamente e não são notadas pelo indivíduo	Sensações corporais muitas vezes notadas pelo indivíduo
Nem sempre vê quais erros estão prestes a ser cometidos	Pode detectar erros potenciais mais prontamente
Pode parecer no controle quando o corpo ou a mente não estão	Pode parecer no controle quando o corpo ou a mente não estão
Não pode ser desligado, está sempre pronto para entrar em ação	É ligado pelo pensador segundo sua vontade para o pensamento deliberado

(continua)

(continuação)

Pensamento Rápido	Pensamento Lento
Está em suspenso esperando em caso de precisar responder a uma pergunta rápida, resolver um problema rápido ou reagir a uma situação	Está em suspenso tendo pensamentos e conexões aparentemente aleatórios na maior parte do tempo
Responde a gatilhos que provocam uma resposta de pensamentos e comportamentos	Monitora e controla pensamentos e comportamentos
Pode acabar criando generalizações e responder apenas a estímulos externos para gerar pensamentos	Pode criar foco intenso e ficar alheio a estímulos que normalmente atraem a atenção

Fonte: Marie Taylor (2012), com base no trabalho de Daniel Kahneman e Mihály Csíkszentmihályi

Exercitando o pensamento

Você pode começar a notar como experimenta seu pensamento praticando o seguinte exercício individualmente e em equipe. É possível compartilhar com facilidade todos estes exercícios com um cliente ao trabalhar com ele em relação à flexibilidade do pensamento.

Pensamento rápido, nível individual: Não julgue nada e perceba tudo

Adote uma abordagem não exploratória e não racional por um dia inteiro e perceba o que acontece. Decida não julgar nem analisar nada. Responda a tudo instintivamente. Seja sensível e reconheça que, embora você possa pensar ou sentir alguma coisa, pode não ser político ou valioso dizê-lo! Apenas observe o que percebe.

Pensamento rápido, nível de equipe: Revise e responda com o coração

Em qualquer reunião rotineira, pause a reunião depois de 15 a 20 minutos e peça a todos que peguem um pedaço de papel. Peça aos presentes para escreverem rapidamente três avaliações do que acabou de acontecer na reunião. Por exemplo: "As coisas estão indo bem?", "Você entendeu o que precisamos considerar aqui?", "Qual é sua reação instintiva ao que foi apresentado nos últimos 15 a 20 minutos?" Registre as respostas positivas e negativas, e os adjetivos usados para descrever as reações instintivas. Decida como levar a reunião adiante a partir daí, fazendo os ajustes necessários.

Pensamento lento, nível individual: Reflexão de três minutos

Desacelerar o pensamento para refletir e absorver pode ser muito útil. Ajuste um alarme bonito e agradável para três minutos. Sente-se de maneira confortável com os pés no chão, para não ficar disperso. Deixe as mãos permanecerem livremente no colo, feche os olhos. Gentilmente, leve a atenção para sua respiração. Perceba a inspiração, levando energia para o corpo inteiro. Observe como seu diafragma se enche e expande. Perceba a expiração e sinta aquela sensação de se libertar tudo o que não precisa mais. Faça a si mesmo a seguinte pergunta internamente. Em vez de forçar a resposta, apenas perceba o que vem à mente.

O que aprendi hoje?

Lentamente, abra os olhos e volte para a sala quando o alarme tocar.

DICA

Se precisa aprender a respiração diafragmática, olhe para um bebê ou ponha a mão em seu próprio abdômen. Conforme inspira, ele se expande, conforme expira, ele se contrai. É o oposto de respirar no tórax.

Pensamento lento, nível de equipe: Reduzindo o pingue-pongue mental

Marque uma reunião de compartilhamento de ideias. O propósito é ouvir as ideias e responder a perguntas sobre elas, em vez de julgar ou avaliar os detalhes nesse ponto.

A pessoa com uma ideia fala sem ser interrompida de cinco a dez minutos. O responsável pela reunião pergunta quais ideias ou contribuições a pessoa gostaria de obter do grupo. Quando a contribuição for permitida, cada pessoa fala, na sua vez, para analisar a questão por três ou quatro minutos. Ninguém critica nem interrompe. No final do diálogo, a pessoa que deu as ideias faz um pedido ou sugere se e como gostaria de levar a ideia adiante. Supondo que o responsável pela reunião determine os resultados e a alocação de recursos, ele concorda ou discorda, explicando suas razões.

Buscando certeza quando a ambiguidade pode criar algo maravilhoso

Às vezes, "Não sei" se traduz em "Sou incompetente e não estou nem aí". Nosso anseio por certeza resulta em um ridículo hábito humano, ou seja, buscamos certeza onde não existe nenhuma. Os líderes darão uma resposta automática, em vez de parecerem inseguros ou sem uma opinião clara. Passear pela ambiguidade, no entanto, pode ser criativo para os clientes ao ajudá-los a pensar de forma diferente e criar novas soluções.

DICA

Encorajar seu cliente a ser ambíguo com uma ideia, sair para passear com ela, dormir com ela ou deixá-la para lá por 24 horas e não pensar nela ativamente de forma alguma pode criar novas formas de pensamento e adaptação. Encoraje os clientes a brincarem com essas estratégias simples.

NESTE CAPÍTULO

» **Pré-planejando o coaching**

» **Explorando ego, excentricidade e empatia**

» **Superando o drama para ver com clareza**

Capítulo **7**

Orientando em Pontos Cegos

Uma vez, alguém perguntou ao Dr. Richard Bandler, cocriador da programação neurolinguística (PNL): "Você trabalha com pessoas surdas, estúpidas e cegas?" Sua resposta exasperada foi: "Todo santo dia."

Ninguém tem a mente tão fechada quanto quem não *quer* ver. Você já teve um estalo sobre um problema e depois percebeu que a solução era óbvia? Temos certeza que sim, todos já passamos por isso.

Estar cego para o óbvio é um dos maiores bloqueios para o coaching efetivo, e é melhor lidar com isso logo no início. Sócrates disse "Não posso ensinar nada a ninguém. Posso apenas fazê-lo pensar." Um coach não faz ninguém mudar; apenas guia um cliente por meio de conversas reflexivas, metáforas, pesquisa, investigação e percepções conseguidas com ferramentas, técnicas e processos. O coach pode ser desafiador, censurador, provocador, cuidadoso e motivador, qualquer que seja a necessidade do cliente de ver com clareza.

Pré-estruturando o Coaching

Antes de começar qualquer conversa de coaching, é necessário *pré--estruturá-la*, ou seja, estabelecer diretrizes, regras, acordos e condições do coaching que permitam que uma mudança positiva ocorra.

DICA

Aqui, trazemos os princípios gerais que recomendamos que estabeleça com o cliente na pré-estruturação para ajudar a criar as condições certas para lidar com aqueles pontos cegos. Oriente seu cliente a:

- » Estar totalmente presente na sala e focado no coaching.
- » Estar completamente engajado no processo de coaching, não apenas explorando.
- » Ter a mente aberta e estar disposto a ouvir e aprender.
- » Estar pronto para aprender com a experiência (em outras palavras, cumprir as tarefas).
- » Estar disposto a cometer erros e aprender com eles.
- » Ser honesto sobre limitações e obstáculos. Se estiver travado ou inseguro, é preciso falar.
- » Ser egoísta. Esse é um tempo especial para o cliente; ele precisa aproveitar ao máximo.
- » Ser respeitoso.
- » Buscar diversão.

As diretrizes anteriores destinam-se a seu cliente e são flexíveis, o que é muito diferente das regras, que são fixas. Desligar o celular enquanto estiver em coaching é uma regra. Mas uma diretriz prévia para "se divertir" é opcional; afinal, alguns assuntos são sérios e têm uma carga emocional, e não são naturalmente propícios para a diversão.

Converse sobre a pré-estruturação com o cliente e busque sua concordância, em voz alta, para cada ponto. Se ele discordar de alguma coisa, será possível discutir e concordar com o que funciona melhor para ambas as partes.

DICA

Defina a pré-estruturação com seus clientes *antes* de começar qualquer coaching. Será bem mais difícil *reestruturar*: incluir regras e condições depois que já tiver começado; os clientes são resistentes à reestruturação. Imagine ter um cliente em potencial que olha pela janela durante a reunião inicial, em vez de se envolver em uma conversa significativa; a hora de lidar com o problema é antes que isso ocorra. "Uma pitada de pré-estruturação vale um quilo de reestruturação" é o mantra a se usar!

Superando Barreiras Comuns

Com experiência, um coach começará a ver padrões comuns de comportamento. Estando atento aos padrões que dificultam o coaching, você consegue lidar com eles antes que ocorram. Nas seções a seguir, veremos alguns padrões comuns que são barreiras para que o cliente esteja completamente engajado na experiência de coaching e como melhor lidar com eles antes que surjam.

LEMBRE-SE

Tornar os clientes conscientes de como estão impedindo a si mesmos de aprender e mudar é uma pré-estruturação essencial do coaching. *Autoconsciência*, também conhecida como *inteligência emocional* (QE), é estar atento a emoções e pensamentos, e aos comportamentos resultantes. Pesquisas mostram que a QE tem um efeito muito positivo na consciência gerencial e no desempenho.

Trabalhando na disposição para aprender

Um coach pode abrir a porta, mas o cliente deve entrar sozinho. Para que isso aconteça, ele precisa estar disposto. Se não estiver, o que o coach deve fazer? Sua habilidade para lidar com a indisposição tem um efeito profundo em sua eficiência.

Primeiro, explique ao cliente a importância de estar disposto a ouvir para aprender e o impacto positivo que isso terá em sua experiência de coaching. Então, depois de tratar diretamente dessas condições básicas, indiretamente reforce-as com metáforas.

LEMBRE-SE

Metáforas são poderosos dispositivos de coaching. As mensagens que elas contêm ultrapassam o exame consciente e a avaliação crítica, e permitem transmitir, de forma elegante, informações valiosas que são aceitas e não questionadas pelo ouvinte.

Às vezes, será necessário usar várias metáforas e analogias integradas. A união das metáforas chama-se *aninhamento* e é uma forma poderosa de transmitir ideias.

O tempo investido em fazer o cliente estar disposto desde o início vale cada segundo.

DICA

Quando você trabalhar para superar a má vontade do cliente, aposte em criar um espaço seguro no qual não haja perguntas nem respostas inteligentes, perguntas nem respostas idiotas, no qual seja possível cometer erros.

Indo além da zona de conforto

Coaching significa mudança, e mudar muitas vezes significa desistir do que já se sabe e entrar no desconhecido: sair da zona de conforto. Você precisa fazer os clientes entenderem que, embora amem o que é familiar e confortável, eles aprendem com o que é diferente e novo. E conforme praticam o que é diferente e novo, em algum momento isso se torna familiar e confortável.

Veja um exercício simples que você pode usar para demonstrar como as pessoas aprendem com a repetição focada e podem ser inconscientemente resistentes a novos aprendizados. Chamamos isso de

Polegares da Sabedoria. Os passos em negrito são as instruções que você dá diretamente aos clientes.

1. **Estenda as mãos à sua frente e entrelace os dedos para que eles fiquem alternados.**

2. **Identifique qual polegar está por cima, perceba qual é a sensação no seu corpo e a descreva.**

   A maioria das pessoas, independentemente de ser o polegar esquerdo ou direito por cima, descreve seu corpo como se sentindo "bem", "normal", "natural" ou "confortável".

3. **Agora separe as mãos (ainda estendidas) e entrelace-as novamente, dedos alternados, mas, dessa vez, com o *outro* polegar por cima.**

   Depois de alguns momentos de confusão, a maioria das pessoas consegue cumprir essa tarefa aparentemente simples. Verifique para saber se realmente seguiram a instrução. Algumas trocaram os polegares, mas não os dedos; outras trocaram os polegares e alguns dedos, mas não todas; algumas dizem: "Não consigo."

4. **Como se sente em comparação com a primeira posição?**

   A maioria das pessoas diz "esquisito", "forçado" e "desconfortável". Já ouvimos até algumas pessoas dizerem "terrível"!

5. **Volte as mãos para a primeira posição (Passo 1).**

   Enquanto fazem isso, você ouve suspiros de alívio. A primeira posição é natural e confortável; mesmo quando diz respeito a entrelaçar as mãos, as pessoas têm um padrão inconsciente que preferem.

6. **Lentamente, alterne as duas maneiras de entrelaçar os dedos.**

   Faça-as continuar por alguns minutos e, conforme percebe as pessoas achando a tarefa fácil, peça que acelerem.

7. **Pare. Agora, pela última vez, tente as duas posições. Observe como se sente com cada uma.**

Agora, com um pouco de prática, a maioria das pessoas percebe que a segunda posição está quase tão confortável e fácil quanto a primeira.

Identificando os inimigos do aprendizado

Ao descobrir coisas novas, muitas pessoas experimentam o que chamamos de *inimigos do aprendizado*. Esses comportamentos inconscientes impedem que as pessoas tentem coisas novas por questões de conforto e familiaridade. Como coach, você precisa ter consciência dos próprios inimigos do aprendizado e identificá-los nos outros.

Aqui estão os inimigos do aprendizado mais comuns a observar:

- **Isso é a mesma coisa que aquilo?** As pessoas são máquinas de combinação de padrões. Buscamos sequências e familiaridade em tudo como meio de aprender sobre o mundo. Isso é como aquilo? Aquilo é como isso? Se alguém age imaginando que o coaching é igual a tudo que já conhece, fecha a mente para novas ideias. Se você identificar que um cliente faz determinadas combinações de padrões, primeiro conscientize-o do que ele está fazendo. Então, explique o impacto negativo que isso pode ter e convide-o a parar.
- **Já ouvi isso antes.** Se um cliente supõe que já ouviu algo antes, a mente aberta se fecha. Steve se recorda de estar em uma sessão com treinadores PNL, ouvindo Dr. Richard Bandler contar uma história. Embora já tivesse ouvido a história umas 30 vezes em sessões de treinamento anteriores, de repente, ele ouviu uma *nova* mensagem. Você sempre pode encontrar algo novo para aprender, então, encoraje os clientes a se imaginarem como novatos e deixarem a informação entrar.
- **Você sabe quem eu sou?** Especialistas profissionais, executivos sênior, que ganham bem e têm alto desempenho podem, muitas vezes, deixar seu status percebido os impedir de aprender em

uma conversa de coaching. A pessoa que pensa que é um produto acabado, que atingiu seu potencial por causa de um título ou qualificação, tem uma xícara derramando. Contar-lhe a história do mestre e do noviço faz o cliente atentar para esse bloqueio.

» **Não tenho tempo para isso.** Todo mundo é ocupado. A menos que alguém valorize o tempo e esforço envolvidos no coaching, pode ser resistente no começo. Demonstrar o retorno sobre investimento (ROI) e oferecer metáforas e exemplos dos benefícios de se engajar, e os custos do não engajamento são ótimas maneiras de fazer alguém ver o valor do processo de coaching.

» **Isso tudo é muito divertido.** A diversão faz parte de qualquer programa de coaching. É um ótimo estado de aprendizado. Mas há uma distinção entre se divertir e tornar o trabalho leve. Bancar o piadista muitas vezes é uma maneira de camuflar insegurança. Quando alguém tenta se desvencilhar usando humor por medo de não ser bom o suficiente, de não ser capaz de aprender ou medo das mudanças que vão surgir como resultado do processo de coaching, o humor se torna um problema. Nessa situação, diga ao cliente que não há problemas em se divertir e que humor é algo bom, mas não deve ser usado como uma tática de desvio para evitar se engajar totalmente na experiência de coaching.

LEMBRE-SE

Conscientizar os clientes sobre os inimigos do aprendizado, logo no início, permite reconhecê-los e se adequar. Se eles não reconhecem quando um inimigo surge ou não se adéquam, você pode retomar a conversa inicial para relembrá-los. Se o cliente ainda fracassar em se ajustar depois do feedback, agora você tem um tópico digno de coaching.

DONOS DE EMPRESAS

Para tirar o máximo do programa de coaching, se for dono de empresa, reserve um momento antes de cada sessão para definir intenções e comportamentos. Se estiver em situação de poder e autoridade, muitas vezes seus pares e colegas não estarão dispostos a falar, criticar ou dar um feedback construtivo e valioso por medo de passar dos limites. Com muita frequência, a alta gerência está cercada de "sim, senhor". Ter um coach que fica apenas no "sim, senhor" não extrairá seu melhor.

Pessoas inteligentes estão abertas a críticas construtivas e feedback. Isso exige honestidade e uma relação profissional de confiança e colaboração com o coach. Defina as intenções a seguir a respeito de seu comportamento durante o programa e as condições ideais para conversas de coaching construtivas e honestas. Esteja disposto a:

» Ser desafiado.
» Estar errado.
» Reservar um tempo para refletir sobre qualquer feedback recebido.
» Olhar-se no espelho simbólico e ver o que os outros veem e que você pode não conseguir reconhecer.
» Considerar todo feedback como profissional e evitar levá-lo para o lado pessoal.

Lidando com Funções e Percepções que Contribuem para a Cegueira

O estado emocional de um cliente afeta a maneira como percebe o mundo a seu redor e o sentido de identidade.

Controlando o ego

O *ego* não é real. Não é concreto; não se pode segurá-lo para analisar. O ego é um conjunto de regras inconscientes não escritas que o ajudam a organizar seus pensamentos e comportamentos, e compreender o mundo. Sigmund Freud definiu ego como uma noção de si. É como andar por aí com um livro de regras que nem sabemos que possuímos. O livro contém todas as instruções sobre como julgar, planejar, descobrir, funcionar, controlar e testar a realidade.

No coaching, o ego afeta a disposição do indivíduo em participar das conversas de coaching e bloquear sua habilidade de desenvolver mais autoconsciência por meio de uma:

- » Noção inflada de autovalorização.
- » Noção subestimada de autovalorização ou falta de autoestima.

Eric Barne, fundador da análise transacional, acredita que as pessoas têm três estados de ego: pai/mãe, adulto e criança. Ele desenvolveu a teoria de que quando as pessoas se comunicam com as outras, elas o fazem a partir de um desses estados. Os três estados diferentes se dividem como a seguir:

- » **Pai/mãe:**
  - **Estado de ego de pai/mãe acolhedor(a):** Representa características positivas e agradáveis, relacionadas ao que pais e educadores fazem por uma pessoa.
  - **Estado de ego de pai/mãe crítico(a):** Representa os comportamentos corretivos relacionados a autoridade paterna/materna e as mensagens proibitivas da sociedade.
- » **Estado de ego adulto:** Um estado único que aproveita os recursos tanto do(a) pai/mãe como da criança e que negocia entre os dois.
- » **Criança:**
  - **Estado de ego infantil adaptado:** Representa a resposta humana contendo negatividade, ou seja, certa resistência, reação e hostilidade.
  - **Estado de ego infantil livre/natural:** Representa a parte lúdica e espontânea do comportamento humano, em qualquer idade.

Disciplinando a excentricidade

Por *excentricidade*, nos referimos àquelas personagens coloridas que, muitas vezes, são extravagantes, extraordinárias e sempre erráticas. São previsivelmente imprevisíveis e fazer seu coaching pode ser tão desafiador quanto ensinar um gato a buscar um graveto.

LEMBRE-SE

Quando você fizer o coaching de alguém excêntrico, faça um acordo de regras claras de uma pré-estruturação. Faça com que ele se comprometa verbalmente e diga "Eu concordo" em voz alta para cada aspecto. Verifique se são regras, não diretrizes, pois o excêntrico vai tirar vantagem de qualquer brecha. Se pular a pré-estruturação, que os céus ajudem o coach que tentar discipliná-lo com uma reestruturação.

Os excêntricos veem sua excentricidade como um ponto forte (o que é), e seu maior ponto cego é não ver que sua excentricidade também pode ser um ponto cego. Às vezes, nos negócios, um pouco de normalidade chata e disciplinada é exatamente o necessário.

Os excêntricos muitas vezes precisam de coaching para combater os seguintes pontos cegos:

- **Eu sou o melhor.** Excêntricos podem não perceber que não são as melhores pessoas para gerir certos aspectos da empresa. Você também pode mostrar-lhes que delegar funções a outras pessoas permite que tenham liberdade para seguir suas próprias ideias.
- **É tudo um jogo.** *Ludificação (gamification)* é uma abordagem relativamente nova, que usa design e tecnologia de jogos em outros contextos empresariais, como para criar uma competição saudável entre as equipes e encorajar a fidelidade dos consumidores. Muitos excêntricos da ciência e da tecnologia são os primeiros a adotarem essa abordagem. Por mais que isso leve à criatividade, a atitude de tratar a empresa como um jogo é arriscada. Por exemplo, muitos excêntricos da tecnologia estão acostumados a lidar com o dinheiro de outras pessoas, como grandes financiamentos, e não

precisam pensar em dinheiro como uma commodity que precisa ser negociada. Orientá-los a ver quando suas atitudes excêntricas podem pôr o negócio em risco é essencial.

» **O mundo vê o que eu vejo.** Trabalhar com criativos excêntricos que acreditam do fundo de seu coração que todo mundo vai querer o que eles querem pode ser difícil. A maioria dos excêntricos é apaixonada por suas ideias, mas se não conseguem desenvolver a postura profissional para transformar seus sonhos em realidade eles continuam assim — apenas sonhos. Os excêntricos, muitas vezes, precisam de orientação para firmar suas ideias na realidade, ou seja, as realidades do mercado e financeira, além do orçamento inicial que eles têm, e levar o conceito ao estágio de prova de conceito. O desafio para o coach é fazê-los ouvir e aprender.

DICA

Veja alguns indicadores para trabalhar com excêntricos:

» **Aceitar seu comportamento excêntrico.** O comportamento excêntrico pode ser um ativo valioso; muitas empresas bem-sucedidas surgiram a partir de ideias doidas. Não assuma como seu papel dizer a um cliente o que é possível e o que não é, quem é você para julgar?

» **Se acha que o excêntrico está realmente fora dos trilhos e pode prejudicar a empresa, tenha coragem e integridade profissional para desafiá-lo.**

» **Dedique bastante tempo para que o cliente fale sobre as ideias dele e desafie as suas.** Dessa forma, ele confiará em você e começará a ouvir.

» **Tenha em mente que experimentos e jogos de coaching atraem os excêntricos.** Como as coisas estão sendo apresentadas como um jogo, é mais provável que eles se envolvam com essa abordagem.

Distanciando a empatia

Podemos definir *empatia* como a habilidade em entender e, mesmo indiretamente, experimentar o estado emocional e a situação de outra pessoa. Empatia é uma coisa boa? Sim, com certeza, mas empatia excessiva exerce um efeito negativo sobre a capacidade de agir e tomar boas decisões.

A razão está nessa parte da definição: *experimentar indiretamente o estado emocional e a situação de outra pessoa*. Se compartilhamos alguma experiência perturbadora ou traumática e você foi empático, repetirá a experiência como se fosse sua e acabará sentindo angústia. A mente não sabe diferenciar uma experiência claramente imaginada de um evento real; basta perguntar a alguém com fobia, que pode ficar aterrorizado só de *pensar a respeito* do que tem medo. Seja empático por muito tempo e o estresse sofrido poderá levar à exaustão e a distúrbios físicos.

DICA

Recomendamos que encoraje todos os clientes a ter *solidariedade sincera e compaixão* pelas pessoas, mas evitar a empatia.

- **Solidariedade** foca a consciência; significa ter cuidado e preocupação pela situação da pessoa: "Eu sinto por você."
- **Compaixão** foca a ação; significa ter solidariedade pela situação da pessoa e ter o desejo de ajudá-la: "Eu sinto por você. Como posso ajudar?"
- **Empatia** foca a experiência; significa se juntar à pessoa na preocupação: "Eu sinto com você."

Cortando o Drama

Você já teve um daqueles dias em que uma coisa atrás da outra deu errado? O despertador não tocou, o papel higiênico acabou, o trem atrasou, a reunião da tarde foi adiada, e daí por diante.

Duas pessoas podem experimentar as mesmas situações e percebê-las de maneira completamente diferente. Uma pessoa é estoica e aparece no trabalho calma, relaxada e criativa; outra é afetada e aparece estressada e em péssimo estado, comportando-se e agindo de maneira menos habilidosa. Ambas as reações às situações são escolhas. As situações não importam; como se escolhe interpretá-las é o que conta e, essa interpretação, como explicamos, é determinada predominantemente pelo estado em que está.

Os *estados de habilidades ruins* são caracterizados e identificados por estresse, preocupação, medo e tomada de decisão ruim. Os *estados de habilidades positivos* ou *ideais* são caracterizados e identificados por alguém que está calmo, relaxado e equilibrado, pensando com clareza e capaz de tomar decisões informadas.

DICA

Independentemente das situações do dia, um coach possui a responsabilidade de sacudir a poeira, deixar as situações mais leves e orientar profissionalmente. A prática do que chamamos de *autocuidado* permite escolher um estado ideal, haja o que houver, e orientar seus clientes a fazer o mesmo.

Indo além do pensamento reativo

Reconhecer que um cliente está sob o estado de drama é importante, pois ele afeta sua habilidade de processar informações. Em termos técnicos, a química do estresse no estado de drama muda a maneira como o sistema de ativação reticular (SAR) funciona. O SAR busca mais problemas em potencial, e o cérebro se torna sensível e reativo a potenciais estresses. É como se um país entrasse em estado de alerta vermelho por causa de um ataque terrorista.

Para muitos, um dos maiores desafios quando estão sob o estado de drama é experimentar o chamado *pensamento reativo*, que acontece quando reagem inconscientemente ao mundo exterior. As reações inconscientes ocorrem em milissegundos. O pensamento reativo impede que as pessoas sejam capazes de avaliar situações de maneira calma e decidida, e tomar decisões bem fundamentadas; ele as impede de enxergar outras opções.

LEMBRE-SE

Orientar os clientes a desacelerar e reservar um tempo para refletir é essencial. A maioria das pessoas já sentiu o valor disso. Por exemplo, apenas quando relaxam, descansam ou simplesmente esquecem um problema é que conseguem ter uma ideia ou enxergar a solução. Eles fazem boas perguntas e buscam soluções, e o SAR funciona nos bastidores para procurá-las. Por estar em um bom estado de habilidade, a neuroquímica do cérebro muda (inundada de neurotransmissores) e todos os recursos ficam disponíveis, pois sua mente está tranquila.

O pensamento reativo é resultado de uma relação entre causa e efeito. O SAR processa o mundo externo (causa) e reage à informação (efeito). O interessante para o coach é quando alguém se conscientiza de que está reagindo de determinada maneira e que existem outras alternativas. Então, surge uma lacuna entre a causa e o efeito na qual pode-se explorar outras alternativas disponíveis. É possível orientar o cliente a reagir de uma nova maneira.

LEMBRE-SE

Conscientizar as pessoas a respeito das escolhas e orientá-las a reagir de maneira diferente é transformador. Possibilitar que um cliente faça escolhas melhores é empoderador para ele e a organização na qual trabalha. Quando alguém entende esse conceito, deixa de sofrer os efeitos (ser passivo) e passa a se responsabilizar pela própria experiência (ser responsável). Você pode dizer que alguém está *vivendo no comando*, ou seja, *produz* sua experiência, pois *desenvolve a habilidade* de responder de maneira diferente. Essa nova *postura* surge quando se descobre a *capacidade de responder* de maneiras mais criativas, e, dessa forma, é sua responsabilidade exercitar essa prática.

Desistindo dos papéis dramáticos

Quando o cliente enxerga o mundo exterior (pessoas, lugares, situações) como responsável por suas experiências (feliz, irritado, triste, estressado), ele se torna impotente. Em resumo, um relatório mensal ruim ou vendas insatisfatórias fazem com que ele se sinta mal, e uma boa reunião ou um sorriso do CEO resultam em bem-estar. Ele é como uma bolinha de pinball, sendo jogado de um lado para o outro no mundo exterior, o que determina como se sente. Assim, suas impressões afetam seu comportamento, ações e resultados que atinge. Para ele, o mundo é de fora para dentro.

No entanto, o cliente pode ver o mundo de um jeito diferente, empoderado: seu ambiente interior de pensamentos e sentimentos não é automaticamente determinado pelo mundo exterior. Ele pode optar, e, na verdade, o mundo é de dentro para fora.

DICA

Uma maneira prática de descrever esse processo de maneira que os clientes entendam que criam suas próprias experiências por meio do pensamento é usar a metáfora da *representação dramática*. As pessoas que veem o mundo de fora para dentro adotam um desses três papéis, às vezes, alternando-os em minutos. Esses papéis as impedem de ver que podem analisar a situação de outras maneiras. Eles são não empoderadores e criam todo tipo de ponto cego.

- **Papel de vítima:** Quando o cliente escolhe culpar o mundo exterior por sua experiência. Ele sente pena de si mesmo e cria uma história para explicar por que o mundo é a causa de como ele pensa, sente e se comporta.
- **Papel de vilão:** Quando o cliente escolhe culpar o mundo exterior e aponta o dedo para os outros. Sua história é a evidência de que, se não fosse pelos outros, sua vida seria diferente.
- **Papel de herói:** Quando o cliente escolhe culpar o mundo exterior porque não confia nele. Ele agirá sozinho. Comprará um livro de autoajuda e, caso não o encontre, não pedirá auxílio para ninguém.

Existe um quarto papel, experimentar o mundo de dentro para fora. Esse papel é empoderador, cheio de percepções e envolve muito menos drama: o **papel de protagonista**. Com a consciência de que a reação é uma escolha, o indivíduo pode optar por reagir de qualquer maneira que considere adequada, em qualquer situação. E, se algumas vezes ele entender de modo errado e reagir de forma exacerbada, não será um problema também, porque isso é inerente ao ser humano (apenas uma vítima entenderia como problema). Ele desacelera seu pensamento, é mais resignado, reserva um tempo para refletir em vez de reagir e faz escolhas fundamentadas.

O papel de protagonista parece, para muitos, bom demais para ser verdade, uma utopia que os outros atingem, mas que está a quilômetros de onde estão. Essa é uma perspectiva que vale a pena rever, pois quando alguém consegue perceber que tem escolha sobre suas reações, o impacto em sua vida pessoal e profissional é notável. Por se encontrar em um estado de habilidade positivo, independentemente das circunstâncias, a pessoa fica menos estressada, mais criativa e aprende melhor.

Encontrando significado no medo

Talvez a maior causa do drama seja o medo, do conhecido e, sobretudo, do desconhecido. Em estudos sobre do que as pessoas têm mais medo, depois do medo número um, falar em público, estão o medo da morte e do desconhecido. A mente tem medo do desconhecido porque pode ser qualquer coisa!

O medo é criado na mente por um pensamento com intenção de proteger você: evita que faça coisas potencialmente perigosas ou estúpidas. Ele rapidamente cria uma reação corporal destinada a salvá-lo da coisa assustadora e, ao mesmo tempo, libera substâncias que afetam o pensamento.

Reagindo ao medo

Há três tipos de reações ao medo comumente reconhecidas:

- » **Congelar:** Ficar paralisado e esperar que a coisa assustadora vá embora.
- » **Fugir:** É autoexplicativa.
- » **Lutar:** Virar e encarar o medo. (Essa opção tem mais potencial de resultar em danos do que congelar e fugir.)

Nos negócios, são encontradas algumas situações nas quais as reações de congelar, fugir e lutar são necessárias e úteis. É provado que medo excessivo canalizado em preocupação afeta os processos de tomada de decisão e cria, por sua natureza, pontos cegos que prejudicam a empresa. Estudos mostram que, ao tomar uma decisão no âmbito financeiro sob condições de estresse agudo, as pessoas escolhem as opções mais arriscadas.

DICA

Considere apresentar aos clientes a ideia de "estado de desfalecimento" como opção. Nesse estado, você se acalma e toma decisões boas e rápidas. Entrar nesse estado sempre que reconhecer potencial para estresse ou medo é uma habilidade útil a ser desenvolvida.

Encontrando a mensagem no medo

Os praticantes de PNL fazem esta pressuposição: todo comportamento serve a um propósito em algum contexto e nível. O medo pode ter um propósito útil:

- » Em um momento de ameaça à vida (raro nos negócios).
- » Como um sinal de que você está prestes a fazer, ou já está fazendo, algo errado ou estúpido.

» Como um sinal de que está saindo de uma zona de conforto e experimentando resistência ao novo paradigma.

DICA

Orientar as pessoas a reconhecer o sinal de medo e distinguir entre os três contextos reduz muito os níveis de estresse e as ajuda a estar em um estado melhor para tomar decisões fundamentadas. Aconselhamos os clientes a simplesmente sentar em silêncio com o sentimento e fazer uma pergunta reflexiva: "Qual é a mensagem oculta por trás desse medo?"

» Se a situação for de ameaça à vida, preste atenção no medo e aja.

» Se estiver prestes a fazer algo que, vislumbra, se arrependerá, pare e reconsidere todas as consequências e quaisquer outras opções.

» Se estiver saindo de sua zona de conforto, a resistência será uma mensagem para avisar que você está crescendo e melhorando.

3 Entrando nos Trilhos

NESTA PARTE . . .

Descubra o poder da narrativa e da metáfora no coaching e como os clientes podem criar histórias magníficas que inspirarão colegas e clientes.

Leve um novo ponto de vista para a empresa e permita aos clientes verem outras opções.

Crie visões fascinantes que inspirem e levem líderes empresariais a se destacarem.

Oriente clientes a transformar ideias em planos concretos.

Analise as definições de sucesso e liderança em empresas e oriente clientes a serem mais empoderados pessoal e profissionalmente.

NESTE CAPÍTULO

» Por que a história da empresa importa

» Vendo os pormenores da história

» Separando fatos e opiniões

» Dando feedback sobre a história da empresa

Capítulo **8**

Contando a História Convincente

Toda empresa tem uma história. No minuto em que alguém tem uma ideia de negócio, a história começa, e todos os dias em que a empresa existe, a história cresce. Pense em todos os empresários conversando com a equipe, acionistas, sócios de capital, fornecedores e consumidores sobre mudança, visão, direção, vendas, novos produtos, mudanças de processos, aquisições, fusões e afins. Pessoas ao redor de todo o mundo contam histórias para chamar a atenção sobre o passado, o presente e o futuro da empresa.

Seus clientes precisam contar histórias bem. Uma história atraente faz muita diferença para um futuro fundador, cliente ou recrutador, e para um jornalista que cria uma publicidade positiva. Assim, seu trabalho, no papel de coach ou mentor, é ajudar os clientes a contar uma história poderosa e genuína.

Entendendo o Valor da História da Empresa

Histórias nas empresas servem para chamar atenção ou informar. Muitas vezes, as organizações querem que as pessoas ajam como resultado da informação da história. Por exemplo, como resultado de uma história, elas podem:

- » Vestir a camisa e ajudar a construir a empresa.
- » Investir financeiramente na empresa ou oferecer conexões que a apoiem.
- » Vender produtos e promover a empresa.
- » Oferecer maneiras novas e inovadoras de fazer negócios.
- » Mudar sua visão de um mercado agonizante e ver novas oportunidades de negócios ou associar-se a novos produtos.

As seções a seguir mostrarão o básico da narrativa de negócios; ou seja, como as empresas contam histórias e para quem.

Reconhecendo como uma empresa transmite sua história

Contar uma história fascinante possibilita uma empresa ser bem-sucedida, e o coaching ajuda os clientes a criarem ou anteciparem suas histórias de sucesso atual para vender uma ideia, produto ou maneira de oferecer negócios no futuro.

Qualquer história organizacional precisa refletir sua marca, produtos e serviços. Ela precisa de uma origem, a história de seus fundadores e a jornada que a empresa enfrentou desde sua origem até os dias atuais. Quando a empresa deixa de informar e passa a vender e promover ideias, produtos ou novas direções, a história precisa incorporar mais coisas. Ela precisa formar um panorama para o ouvinte ou leitor, uma imagem de um futuro atraente e da jornada necessária para chegar lá.

Uma história deve ser contata de maneira cuidadosa. Uma narrativa eficiente mantém o público envolvido e retransmite a trajetória de maneira compreensível. A repetição é o segredo. Onde uma história impacta o receptor (equipe, investidores, consumidores, imprensa), suprimimos, distorcemos e generalizamos, e precisamos dar conta disso transmitindo a história de várias maneiras. Ouvir uma história várias vezes reduz as supressões, distorções e generalizações, ou pelo menos permite que os receptores da mensagem desafiem suas suposições e a verifiquem.

Em termos de método, é proveitoso ajudar os clientes a dividir seus focos de público nas partes interessadas que desejam atingir com sua história.

Ao fazer isso, encoraje o cliente a se perguntar: "Se eu fosse esse interessado ou grupo de interessados em particular, como acessaria essa informação?"

Então, faça com que o cliente se pergunte: "Como posso transmitir essa informação de forma que eles possam ouvir a mensagem? Que história eles querem?"

Sabendo que histórias um negócio conta

Seu cliente pode estar desenvolvendo um, alguns ou todos esses tipos de histórias:

- **História originária:** Como a empresa começou ou como uma questão empresarial em particular surgiu.
- **História atual:** O que acontece ou impacta a empresa hoje e por quê.

- **História futura:** Em que direção a empresa está indo, por que, com quais interessados e como pode chegar lá.
- **História direcionada de chamada para ação:** O que a empresa precisa de seus interessados e o que promete a eles.

Analisando quem responde às histórias

Clientes, fornecedores e equipe precisam compreender a história de uma empresa antes de decidirem se alinhar com ela. Essa história é refletida em sua marca, produtos e serviços, nos fundadores e suas origens. As seções a seguir explicam como todo tipo de pessoa na empresa é afetado por uma história forte e bem contada.

Clientes

Os clientes precisam entender a história de uma empresa antes de decidirem se acreditam nela. Tanto nas relações entre empresas quanto nas relações entre empresa e consumidor, muitas vezes eles tomam decisões de compra com base em como se sentem em relação à empresa. Fazem várias perguntas antes das decisões de compra: a empresa é autêntica? Os produtos atendem às minhas necessidades? Ela trata bem seus empregados e clientes?

Fornecedores

Os fornecedores querem atender às necessidades dos clientes agora e no futuro. Eles precisam das histórias atual e futura para fazer isso de maneira eficaz e assegurar que seus produtos atendam ou possam ser adaptados para atender às necessidades atuais e futuras de seus clientes.

Equipe

De modo geral, as pessoas ingressam nas organizações porque gostam de sua origem ou do que fazem. Permanecem nas organizações por serem parte de algo que lhes oferece um trabalho do qual gostam e lhes promete recompensas apropriadas. A equipe desenvolve um contrato psicológico com seu empregador com base em como se sentem a respeito da empresa, dos clientes, do direcionamento futuro e dos benefícios antecipados de permanecer.

Pesquisas indicam que uma equipe não fica apenas pelo dinheiro, logo, as histórias que ouvem precisam ser uma mistura dos quatro: história originária, história atual, história futura e, muitas vezes, a chamada para ação. Se as organizações querem que a equipe realize algo diferente ou tome um rumo diferente com o empregador, isso precisa ser solicitado explicitamente.

Concorrentes

Os concorrentes adorariam conhecer os pormenores da história futura, mas nenhuma empresa em sã consciência divulgaria isso, não é? Os concorrentes querem a visão geral da empresa e de seus principais atores. Querem ouvir a história do que faz diferença no negócio daquele concorrente, sejam fórmulas secretas, uma pessoa, patentes, propriedade intelectual, localização etc. Querem saber o suficiente para avaliar se podem superar seus concorrentes para ampliar os negócios.

DICA

Ao orientar líderes, esta é uma área na qual você pode ajudar a empresa a verificar se a história que estão prestes a recontar para a equipe e os fornecedores pode prejudicar as atividades ao entregar informação demais. Transparência é uma coisa, entregar a receita detalhada do sucesso da empresa é outra.

O que torna o negócio singular, o diferencial e o valor que a marca possui são histórias que seus clientes querem que os concorrentes ouçam. Geralmente, essas são as histórias originária e atual, com uma visão geral do direcionamento futuro sem um plano de rota detalhado.

Jornalistas

Os membros da mídia querem qualquer coisa que chame a atenção do público. Desenvolver um bom relacionamento com a imprensa é de bom senso para proteger e promover a marca de uma empresa com reputação. Agir de forma proativa para assegurar que a história originária seja contada com frequência pode alavancar a relação de uma marca com a imprensa por muitos anos.

Ajudando o Cliente a Criar o Roteiro

Apoiar o cliente a recontar sua história é uma forma de arte. Felizmente, empresários não precisam ser Stephen King ou J. K. Rowling para expressar sua arte. Tudo o que precisam é de um pouco de orientação sobre como expressar suas histórias de maneira autêntica e relevante. É aí que você, coach ou mentor, entra.

DICA

Ao lidar com histórias, dê aos clientes a oportunidade de praticar em um lugar seguro, no qual não haja problemas em errar. Direcione-os a transmitir a mensagem corretamente e entregar a história com confiança.

Guiando o cliente por um exercício exploratório

Esta é uma atividade simples para despertar a curiosidade dos clientes sobre sua organização, equipe, percepção da organização e o que tem a oferecer. Você pode usá-la para ajudar os clientes a criarem uma história de chamada para ação específica. Serão necessários papéis e canetas suficientes para oferecer às pessoas ou ao grupo. Siga estes passos:

1. **Limpe o espaço.**

   Verifique se não há nada na frente do cliente: papéis, canetas ou telefone. Se acha que irá melhorar sua concentração, peça-lhe para fechar os olhos.

2. **Diga o seguinte: "Considere uma questão ou problema em sua empresa. Pense em quem está envolvido e por quê".**

Dê-lhe alguns instantes para pensar.

3. **Pergunte: "O que você quer fazer pela empresa nessa situação?"**

Ajude o cliente a considerar quais ações são necessárias para ajudar a empresa a atingir seus objetivos em curto e longo prazos.

4. **Brinque com algumas ideias.**

Brinque com o cliente para descontrair por alguns instantes.

5. **Ajude o cliente a criar uma metáfora que represente a situação.**

Use estas perguntas como guia:

- Se você estivesse em uma história infantil, qual seria?
- Se fosse um personagem, qual seria?
- Quais personagens os outros estão interpretando internamente?
- Quais personagens estão presentes no resto da história?
- Onde está o conflito ou potencial para tal; entre quem e por que motivo?

Se ajudar, convide o cliente a escrever ou desenhar a metáfora.

6. **Peça que o cliente reconte a história atual.**

Pedir ao cliente para fazer isso como personagem pode ser exigir muito, mas você pode improvisar. Se funcionar para ele, faça isso.

7. **Pergunte: "Que chamada para ação seria ainda melhor e maior? O que seria uma ação realmente ousada?"**

Você pode continuar jogando com essas perguntas até que se esgotem as possibilidades ou sinta que é hora de parar.

8. **Peça ao cliente que conte a história para você como se estivesse falando com o público para o qual precisa transmiti-la.**

Faça-o imaginar o público e as principais pessoas; ele deve perceber as reações e considerar o que os ouvintes precisam dele.

9. **Explore junto ao cliente as possíveis respostas à história.**

Ajude-o a considerar quais questões ou objeções deve ouvir. Oriente-o a desenvolver ou incorporar respostas prévias à história.

10. **Encoraje-o a encontrar o equilíbrio entre opinião e sentimento, em termos de entusiasmo geral, através dessa mensagem.**

Aconselhe o cliente a fazer quaisquer ajustes necessários.

11. **Banque o advogado do diabo por um instante e ajude-o a ver quaisquer objeções ou equívocos que podem surgir. Oriente-o a antecipar fatores que podem ser suprimidos, distorcidos ou generalizados.**

12. **Faça os ajustes finais e lhe peça para contar a história pela última vez, imaginando o público.**

Essa atividade pode ajudar um indivíduo a testar sua mensagem e esclarecer tanto a história quanto a chamada para ação. Encorajamos você a praticar esse processo. Adapte-o, observe o que agrega para o cliente e modifique-o. Também é possível usá-lo em coaching de grupos com equipes responsáveis por transmitir uma visão, ou história compartilhada.

Distinguindo Fatos de Opiniões

Saindo das histórias organizacionais, voltemos nossa atenção para as narrativas e histórias que são compartilhadas conosco. É muito fácil comprar a história em que o cliente acredita e conta para você; é importante dedicar tempo para explorar a verdade por trás do que o cliente realmente diz.

As pessoas veem o mundo de maneiras diferentes. Às vezes, essas visões de mundo se chocam e se sobrepõem, e ainda assim há concordância. Outras vezes, você pode achar que entendeu o que alguém quis dizer, e descobrir que estava errado. É como se duas conversas diferentes estivessem ocorrendo ao mesmo tempo.

LEMBRE-SE

Em cada conversa sobre coaching ou mentoria, encontre a verdade por trás do discurso e diferencie fatos de opiniões.

- **Fatos** podem ser verificados através de evidências. Você *tem certeza* de que existem, são verdade ou aconteceram.
- **Opiniões** são interpretações baseadas em crenças e perspectiva. Você *acredita* que existem, são verdadeiras ou aconteceram.

Além de orientar pessoas a criar histórias atraentes, é necessário ajudá-las a analisar além das opiniões para enxergar os fatos. Por exemplo, você ouve histórias a respeito de ser vitimizado pela pobreza, luta, carência e limitações. Você procura opiniões disfarçadas de fatos para poder reescrever a história como um conto épico com um final feliz.

Ajudar o cliente a distinguir fatos de ficção torna ambos:

- Melhores ouvintes.
- Comunicadores mais persuasivos.

RECORRENDO À PROGRAMAÇÃO NEUROLINGUÍSTICA

Existe um pressuposto na programação neurolinguística (PNL): "O significado da comunicação é a resposta que você recebe". Essa frase é usada para explicar que se você não está atingindo o resultado desejado através da comunicação, pode ser que o ouvinte tenha escutado uma história diferente daquela que foi contada. Assim, a resposta que recebe é determinada pela perspectiva e interpretação do ouvinte. Portanto, um melhor entendimento sobre como as pessoas criam suas perspectivas e interpretam é essencial para a comunicação efetiva.

- » Mais abertos a novas ideias.
- » Capazes de evitar confusões e mal-entendidos.
- » Menos limitados por crenças a respeito do que é possível.

As seções a seguir estimulam a reflexão a respeito de fatos e opiniões, sob vários aspectos:

Fazendo perguntas adequadas

Veja algumas perguntas adequadas para fazer a qualquer um que apresente opiniões como fatos:

- » Você analisou todas as alternativas possíveis?
- » Como você fez essa análise?
- » Há outras maneiras de analisar as alternativas?
- » Como você avaliou a pesquisa?

» Como chegou à conclusão de que as metas seriam difíceis de atingir?

» O que quer dizer com "difíceis"?

DICA

Aqui estão algumas dicas para questionar os clientes:

» **Não exagere.** Seja sensato ao questionar um cliente. Quando um coach percebe que as pessoas querem dizer mais do que expressam, pode exagerar nos questionamentos e confrontar tudo o que foi declarado. Essa atitude pode levar à perda de amigos, discussões com pessoas queridas, clientes frustrados e reuniões desagradáveis. Quando começar a se aprofundar no mapa, lembre-se de que só vale a pena cavar onde acha que pode encontrar um tesouro.

» **Observe sua conduta.** Ao questionar, lembre-se de que sua conduta afeta a maneira como o cliente interpreta a mensagem. Evite interrogar seus clientes. Fique atento ao tom usado, mantenha o brilho no olhar e utilize frases mais suaves, como:

- "*Estou curioso*, o que você quer dizer com...?"
- "*Entendo o que quer dizer*, e eu estava pensando...?"
- "Certo, acho que entendi, mas..."

Uma conduta serena, curiosa e cuidadosa transmite a ideia de que você está apenas buscando informação, e não querendo intimidar ou desacreditar um cliente.

» **Disponha-se a perguntar.** Seja esperto o suficiente para parecer tolo e/ou ingênuo. Esteja disposto a questionar caso realmente não esteja seguro do que a outra pessoa quis dizer.

» **Faça a "pergunta de ouro".** Uma pergunta simples e abrangente chega aos fatos e ajuda você a recuperar informações suprimidas e destacar qual informação foi distorcida ou generalizada na história:

"O que você quer dizer?" Quando faz essa pergunta, vê os clientes refletirem. Seus olhos geralmente se movem como se estivessem buscando uma resposta em seu mapa da realidade (no jargão técnico, eles estão fazendo uma *pesquisa transderivacional*). Eles buscam informações na estrutura mais profunda e explicam com mais detalhes específicos.

Eliminando supressões, distorções e generalizações

Toda comunicação passa por três sistemas de filtragem inconscientes no cérebro:

- **Supressões:** A informação é filtrada. Ela simplesmente não é ouvida.
- **Distorções:** A informação é ouvida, mas rapidamente transformada pelo inconsciente em algo que muda o sentido original.
- **Generalizações:** A informação é reinterpretada como afirmação de um fato generalizado pelo inconsciente, com base na visão pessoal de mundo.

Peça que duas pessoas relatem uma reunião empresarial, e os processos de filtragem de supressões, distorções e generalizações de uma experiência compartilhada ficarão aparentes: os relatos serão diferentes.

Esses filtros determinam:

- Como você internaliza e armazena a informação.
- Como você chega a conclusões sobre a informação.
- Como a informação afeta seu comportamento.
- Como você compartilha e expressa a informação.

DICA

Para encontrar supressões, distorções e generalizações em seus clientes, é necessário agir como um detetive (pense como Sherlock Holmes em vez de CSI):

- » Faça perguntas.
- » Ouça a comunicação por trás da comunicação.
- » Atente-se para o que não foi dito ou está ausente.
- » Seja menos influenciado pelo que é dito e mais pelo real significado.

Os três processos de filtragem de distorções, supressões e generalizações deixam rastros na linguagem. Assim como pegadas na areia, são pistas de como o mapa está sendo explorado. À medida que se familiarizar com o reconhecimento dos padrões e a maneira como aparecem na comunicação, perceberá quais perguntas fazer. O óbvio elusivo torna-se realmente óbvio.

Esses padrões de linguagem e questionamento constituem um metamodelo. O *metamodelo* é apenas uma descrição de como você pode fazer perguntas para ajudar alguém a entender sua experiência; na prática, é confrontar o pensamento e as suposições de um cliente para ajudá-lo a perceber suas supressões, distorções e generalizações.

As seções a seguir apresentam os detalhes das supressões, distorções e generalizações, mostrando os padrões a notar e as perguntas a fazer.

Supressões

Seu cérebro nunca será capaz de processar toda informação que recebe; ficaria sobrecarregado. Logo, você suprime e filtra as informações que inconscientemente julga não serem importantes. Ao se comunicar, também descarta dados e, mesmo assim, a informação ainda faz sentido, pois as pessoas são boas em antecipar o que é necessário para que algo faça sentido.

Distorções

O processo de supressão e simplificação pode levar a distorções. As pessoas alteram e deturpam informações de maneira criativa, muitas vezes usando analogias e metáforas para explicar ou descrever alguma coisa. Distorções são o filtro da criatividade, permitindo que você crie novas ideias, conceitos e percepções, e permitem elaborar sistemas de crenças que o podem limitar ou empoderar. Portanto, identificar e questionar as distorções é muito proveitoso.

Generalizações

As pessoas, inconscientemente, combinam padrões; sempre julgando, avaliando e buscando similaridades e comparações: "Isso é como isso?", "Isso é como aquilo?" Fazemos isso porque nos sentimos confortáveis com o que é igual e também porque as generalizações ajudam as pessoas no aprendizado. Você descobre como amarrar um cadarço e generaliza que todos os cadarços funcionam da mesma forma. Você é bem-sucedido em alguma coisa e generaliza que será bem-sucedido em situações parecidas. Padrões de generalização são, muitas vezes, exemplos extremos de pensamentos preto no branco, tudo ou nada, causados pela experiência.

NESTE CAPÍTULO

» **Vendo a empresa como é**
» **Definindo seus elementos**
» **Entendendo complexidade e estratégia**
» **Criando confiança na relação de mentoria**

Capítulo **9**

Ajudando os Clientes a Avaliar

Ginni Rometty, a primeira mulher CEO e presidente da IBM, conta uma história de sucesso e associa seu êxito a aprender e assumir riscos. Ela os descreve como um grande aprendizado; fora da zona de conforto, isso a manteve atualizada e em forma. Ela diz: "Certa vez, disseram-me que crescimento e conforto não coexistem. E eu acho que esse é um lembrete excelente."

Nós também achamos isso, pois líderes bem-sucedidos não se criam a distância, observando os outros. Criam-se ao lidar com a complexidade e a incerteza, e, de certa maneira, sabem que ser capaz de trabalhar com ambiguidade é o verdadeiro desafio de um estrategista.

Sem um alto nível de ambiguidade e um elemento de risco, poucas estratégias e táticas são necessárias. A necessidade de coordenação de recursos para o gerenciamento de tarefas e resultados é clara, mas isso pode ser feito no nível operacional. Crescimento e desenvolvimento empresarial acontecem quando os líderes sabem que os alicerces da companhia são sólidos o suficiente para suportar riscos. Então, enquanto os líderes estão passando por ambiguidades, os mais espertos já sabem que seus tapetes não serão puxados. Eles têm um alto nível de confiança na sua base.

Testando os Alicerces da Empresa

Faça a mentoria do cliente para que ele descubra como "observar" a empresa, tão imparcial e friamente quanto possível. Ao fazer isso, você o ajuda a desenvolver a perspectiva estratégica e trabalhar *a* empresa, em vez de *na* empresa, observando a imagem que apresenta em toda a sua complexidade.

Assim como uma casa, se o alicerce de uma corporação não é sólido, um dia — geralmente, sem aviso-prévio —, o lugar pode desabar. Em vez de um tornado ou furacão derrubando sua empresa, é mais provável que sejam bancos, credores ou liquidantes apontados pela justiça, e eles não terão problemas em analisar a empresa com frieza. Se você é dono de um negócio ou líder executivo responsável por ajudar a manter o lugar de pé, é preciso saber como realizar essa tarefa por conta própria.

Aplicando o Pensamento Estratégico

Você deve saber que existe uma diferença significativa entre pensamento no nível de tarefa e pensamento estratégico. Infelizmente, segundo nossa experiência, muitos líderes que acreditam ser altamente estratégicos não o são. Na verdade, são muito bons no *pensamento no nível de tarefa*, ou seja, em lidar e delegar tarefas. São ótimos, e até brilhantes, em gerenciar tarefas complicadas ou conduzir um grande volume de atividades na empresa.

Pensamento estratégico e liderança estratégica significam lidar com a complexidade que perpassa a empresa horizontal e verticalmente. O pensamento estratégico é multidimensional: é mais como Neo e

Morpheus enfrentando Matrix do que Frodo e Gandalf procurando um anel na Terra Média.

De maneira resumida, *estratégia* é a direção da viagem que uma organização planeja em longo prazo. Está relacionada a como a organização cria vantagem no mercado em que opera e organiza seus recursos. Algumas questões que um mentor deve trabalhar com um líder estão no nível estratégico, que um investidor em potencial pondera ao considerar investir.

Os executivos possuem:

- A distribuição adequada de competências para oferecer a missão e a visão?
- A confiança de investidores e diretores não executivos do conselho?
- O foco estratégico no panorama?
- A habilidade de liderar proativamente, gerir recursos e conquistar seguidores que farão o mesmo?
- A ambição de atingir resultados?

Os executivos entendem:

- O mercado?
- O setor e a oferta do produto?
- As normas culturais em sua área de negócios nos mercados em que operam?

Os executivos conseguem:

- Antecipar tendências econômicas e a maneira como impactam o setor e, especificamente, a empresa?

» Traduzir a intenção estratégica em resultados e objetivos realizáveis no nível organizacional?

» Pensar e agir estrategicamente?

» Identificar tendências e entender sua importância (conseguem ver além)?

» Lidar com consequências não esperadas e assumir riscos?

» Tomar decisões em conformidade com as tendências antecipadas e a estratégia identificada?

» Definir visão, missão e valores claros e coerentes?

Simplificando o Complicado

Como mentor, você deve ajudar o líder a enxergar sua empresa de maneira objetiva; observá-la como se estivesse fora, não nela.

Se trabalhar no local e considerar interessante caminhar pela empresa com o cliente, tente isso também. Certa vez, Maria fez com que um CEO andasse pelo prédio com ela para uma "inspeção" e, na entrada de cada departamento, perguntava-lhe: "O que oferecem aqui, e como é o relacionamento entre as pessoas deste andar? O que você percebe, e como é estar aqui?" Você ficaria surpreso com o quanto ele sabia em relação a seis andares, e mais surpreso ainda com o que não sabia.

Ele conhecia bem o trabalho artístico, as renovações e os ajustes que foram feitos na estrutura do prédio. Sabia onde os departamentos estavam e os nomes de algumas equipes, mas não sabia quais funções estavam relacionadas ou quem as liderava. Sentia que era um bom ambiente para trabalhar e que a equipe parecia se dedicar. O que não via era que, conforme entrava em cada área do prédio, todos os funcionários olhavam para suas mesas e ninguém fazia contato visual ou o cumprimentava. Quando foram feitas algumas perguntas para ajudá-lo a enxergar além das impressões superficiais, ele percebeu que havia falhas em sua compreensão das funções multidisciplinares exercidas pelos funcionários e onde tinha dificuldade em se conectar com os mais jovens. Isso se tornou parte de seus objetivos de coaching.

DICA

Caminhar e idealizar a perspectiva das pessoas trabalhando, o clima do prédio, as paredes com detalhes e artefatos, enriquece o diálogo com o cliente. É mais fácil que ele perceba o que precisa mudar ao caminhar pelo lugar, principalmente se o líder não aparece muito.

Trabalhando com uma lupa

Use a matriz de fatores organizacionais na Figura 9-1 para, metaforicamente, passear pela organização e ajudar seu cliente a analisar a empresa. Você pode usar as questões de exemplo ou desenvolver as próprias, dependendo da empresa. Trate este exercício como uma descoberta e tenha cuidado para não questionar demais; caso contrário, parecerá um interrogatório.

Fatores organizacionais

Governança	Qualidade e monitoramento	Cultura	Estratégia
Finanças	Receita	Despesas	Gerenciamento de caixa
Pessoal	Consumidores	Equipe	Interessados
Marketing	Produto	Preço	Vendas e distribuição
Análise	Consumidor	Mercado	Concorrência

FIGURA 9-1: Matriz de fatores organizacionais.

DICA

Você pode caminhar pela empresa no sentido literal. Coloque cartões no chão com as palavras-chave do quadro que estiver usando. Ao lidar com cada elemento, peça ao cliente que fique sobre o cartão enquanto responde. Ajude-o a relaxar e desenvolver uma visão panorâmica, pois assim é possível pensar de maneira mais ampla e fica mais fácil lidar com questões mais complexas.

Neste exercício, você verifica se o cliente consegue usar uma informação objetiva para enxergar a realidade de sua empresa com clareza.

1. **Peça ao cliente para se sentar, em silêncio, por dois ou três minutos, respirar pelo diafragma, apenas focar a respiração e desacelerá-la.**

DICA

Fechar os olhos pode ajudar.

2. **Peça que ele imagine ser a lente de uma lupa, observando a empresa com uma visão panorâmica dos diferentes aspectos sob uma nova perspectiva, para avaliar o que está funcionando bem e o que precisa de atenção.**

3. **Peça que ele entre (física ou mentalmente) no espaço de análise empresarial e marketing de produto, e responda as seguintes questões:**

   - **O que você está vendendo?** Essa pergunta refere-se não apenas ao produto (por exemplo, um creme facial para homens), mas à proposta de valor. A resposta deve conter o problema que pretende resolver (hidrata a pele, reduzindo a barba recém-crescida e a irritação) e o que significa para o consumidor (pele lisa como de neném, tornando-a tão irresistível que toda mulher que encontrar pelo caminho vai querer beijar seu rosto).

- **Como comercializa?** Você vende sob uma marca, ou várias? Como impulsiona o produto? Publicidade, feiras promocionais; onde e para quem?

- **Como o vende e distribui?** Como o produto chega ao consumidor, e isso é eficiente? Você vende para outra empresa ou diretamente ao consumidor? Como é vendido? Online, venda avulsa ou ambos? Como encontra os consumidores — através de uma equipe de vendas, publicidade, via parceira de produtos? O produto é vendido sozinho ou com outro item? Como é distribuído? Quais métodos de transporte são usados? Direto ou através de um distribuidor terceirizado? Onde você mantém o estoque, ou o produto é feito sob demanda?

- **Como o precifica?** Qual é sua estratégia de preço? Com qual margem trabalha? Quais custos precisam ser incluídos no preço? Qual volume de produto você precisa vender? Você dá descontos? Prefere destruir produtos, em vez de dar descontos, para manter o preço? Vende com preços diferentes para diferentes grupos de consumidores? Em qual moeda negocia? Quais fatores impactam o preço e, daí, influenciam onde o produto é produzido, armazenado e distribuído?

- **Onde está sua pesquisa e desenvolvimento?** Fez o dever de casa? Esse é um problema identificado? (Quantos homens no mercado em que você está estão preocupados com a pele, barba crescida e irritação ao se barbearem?) Há uma brecha no mercado para seu produto ou espaço para capturar os compradores existentes da concorrência? O que a concorrência faz no mercado? Você pode fazer melhor ou mais barato para um grupo consumidor existente, ou há potencial não explorado no mercado para um segmento diferente? Consegue criar um produto com valor mais alto ou o mesmo valor, mas com melhor embalagem e canais de distribuição, visando consumidores de valor mais alto no mercado de produtos de luxo, por exemplo? Pode assegurar uma margem decente dados seus custos? É um produto que as pessoas querem comprar?

4. **Peça-lhe para entrar (física ou mentalmente) no espaço onde as pessoas impactam e contribuem com a empresa, e responder às seguintes perguntas:**

- **Quem está envolvido na empresa?** Quem são os interessados? Quais funções ocupam? Como você gerencia as relações com seus investidores e os mantém a bordo? Se tiver diretores não executivos, como utiliza sua expertise e conhecimento? Como se relaciona com seu banco, seguradora, contadores, consultores jurídicos e daí em diante? Há um ciclo natural de comunicação com eles?

- **Como você lidera seu pessoal?** Qual equipe você emprega ou com quais terceiros trabalha? Qual é a mistura de habilidades e conhecimento na empresa? Qual é a estrutura? Como atrai, desenvolve e retém talentos? Quais políticas e procedimentos existem para gerir pessoas e assegurar que elas tenham condições de trabalho seguras, e que suas obrigações como empregador sejam cumpridas? Qual cultura está criando com seu pessoal?

- **Como você se relaciona com os consumidores?** Quem são seus principais consumidores e quem consome o produto? Como você se comunica com eles? Você usa ofertas em mídias sociais, telefone ou online? Como envolve os consumidores no feedback sobre seus produtos e desenvolvimento de produto? Usa grupos de foco ou painéis de produtos?

5. **Direcione-o a entrar (física ou mentalmente) em um espaço onde possa imaginar cifrões e voltar sua atenção aos aspectos financeiros da empresa, e responder às seguintes perguntas:**

- **Quais fluxos de receita há na empresa?** Há vários produtos? Quais produtos geram mais receita? Quais produtos geram mais receita quando combinados ou partilhados com outro vendedor? Quais produtos geram receita estável e uniforme, e como você cuida desses fluxos?

- **Do que são feitos seus custos?** Quais são os custos centrais e quais são os variáveis? Como você controla os custos da empresa? Quais controles são adotados para assegurar que o desperdício seja minimizado? Quais controles existem em termos de número de detentores do orçamento e autoridades de aprovação?

- **Qual é a estrutura financeira e legal da empresa?** Quais contratos de empréstimos, ativos de capital e participação existem? Qual forma a empresa adota e onde estão os riscos na empresa que podem precisar de acordos legais, ou outros, para proteger seus ativos, como acordos de propriedade intelectual ou confidencialidade?

- **Como você assegura que não ficará sem caixa?** Quem monitora os números diariamente na empresa? Quais processos você adota para o faturamento, cobrança e recuperação de débitos? Com que rapidez suas vendas geram receita versus fluxo de despesas da empresa? Que tipo de juros você paga em saques a descoberto, e quais lucros recebe em dinheiro em sua conta bancária? Se estiver lidando com moedas estrangeiras, como gerencia esses fluxos de receita e despesas conforme as moedas flutuam? Como mantém a reserva de caixa? Se a empresa está crescendo, como você gerencia a entrada de caixa em uma taxa que suporte o aumento de vendas de produtos e as despesas para financiá-los?

6. **Direcione-o a entrar (física ou mentalmente) em um espaço onde possa imaginar e voltar sua atenção para os aspectos de governança da empresa, e responder às seguintes perguntas:**

   - **Como a responsabilidade funciona?** Como a diretoria responsabiliza a equipe executiva? Quais medidas de qualidade (indicadores-chave de desempenho [KPIs], registros de risco, medidas de governança, tais como, regulação e auditoria externa) são adotadas para sua diretoria? Como a equipe executiva responsabiliza a gestão operacional pelos objetivos e por avaliar a qualidade do trabalho, dos produtos e da liderança? Quais práticas éticas são adotadas? Quais padrões são caros para você? Como as expectativas são comunicadas e passadas na organização?

- **Que tipo de cultura você cria?** Quais histórias as pessoas contam na organização? Seu ambiente de trabalho e os espaços onde recebe seus interessados combinam com a imagem de marca que você quer criar? Há clareza para o pessoal sobre "como fazemos as coisas aqui" e eles sabem como se locomover na organização para conseguir o que precisam? Os sistemas e controles que existem combinam os valores articulados e a visão da organização? Está óbvio onde ficam o poder e a tomada de decisões, e as pessoas os usam adequadamente?

- **As estratégias e táticas são projetadas para conseguir os resultados que você quer?** Há acordo sobre as principais estratégias entre a diretoria e a equipe executiva? As táticas acordadas (miniestratégias) se alinham? Há um senso de coerência organizacional? Isso agrega?

7. **Peça ao cliente para resumir o que percebeu: "O que funciona na organização, horizontal e verticalmente? Destaque o que precisa de sua atenção. O que precisa da atenção dos outros interessados?"**

Você pode compartilhar um pouco de sua experiência em lidar com questões-chave que precisam de atenção. Ajude seu cliente a pensar em como ele pode utilizar sua experiência compartilhada para gerar ideias e melhorar a própria imagem estratégica. Descubra o que ele precisa fazer mais ou menos, como pode traduzir um pouco do que você compartilhou e adaptar à própria situação empresarial. Ajude-o a desenvolver seu plano de ação.

Nesse processo, como mentor, você se pergunta: meu cliente fez a análise a fim de verificar se tem algo que as pessoas querem comprar e se há espaço para isso no mercado atual, ou se ele pode criar um? As relações estão sendo bem geridas e a empresa pensa sobre isso proativamente? As finanças parecem saudáveis e há um monitoramento para assegurar que o fluxo de dinheiro cubra os custos de comandar a empresa, deixar caixa suficiente e criar o retorno exigido? Os riscos são gerenciados e há espaço para inovar e aproveitar a oportunidade, caso surjam? Há arranjos adotados e suficientes para assegurar que a empresa seja bem gerenciada? No geral, a empresa se apresenta de forma coerente?

DONOS DE EMPRESA

Se for dono de empresa, tenha em mente que o coach ou mentor não está lá para comandar a empresa para você, fazer as ligações difíceis, resgatá-lo ou mesmo dar uma solução milagrosa. Esteja disposto a ouvir, aprender, experimentar, ser desafiado. Uma boa orientação vai extrair de você percepções e opções que talvez estivessem ocultas. Mas ainda é responsabilidade sua avaliar, decidir e agir.

Desenvolvendo Confiança e Avaliação Honesta com o Feedback

As empresas nunca estiveram tão publicamente expostas quanto hoje. A oportunidade de dar feedback em tempo real ao consumidor nas mídias sociais está sempre presente. Às vezes, os líderes precisam de suporte através do processo de coaching e mentoria para se adaptar a essa realidade, pois fracassar nisso compromete seriamente o sucesso tanto da empresa quanto pessoal.

CUIDADO

Tome cuidado com as palavras. Não é adequado dar um feedback muito enfático a um cliente do que observou sobre ele e sua organização na primeira sessão. Fazer isso cria certa atitude defensiva em um período no qual se busca construir confiança. ***Lembre-se:*** Os negócios são altamente pessoais; fundador, CEO, líderes, membros da diretoria e funcionários leais, todos estão financeira e emocionalmente envolvidos nisso. Assim, dê o feedback em um estilo de coaching para ajudá-lo a ter uma visão alternativa.

A diferença está entre

> Esse plano empresarial é péssimo. Não admira que ninguém além de sua equipe imediata entenda o que deve fazer.

e

> Eu me pergunto se você tem alguma ideia de por que sua equipe de operações, grupo financeiro e equipe de vendas têm tido dificuldade para articular como suas atividades mensais se relacionam ao plano empresarial.

Se seguir insistindo e ele ainda não entender, tente dar um exemplo de algo similar da própria experiência e pergunte ao cliente como a história se relaciona com sua situação atual. De forma alternativa, você pode lhe dar um feedback cuidadoso depois de perguntar: "Posso oferecer feedback?"

Encorajando clientes a se tornar receptivos ao feedback regular

A liderança de questões-chave é uma trama organizacional que constrói ou destrói um negócio. Sua resposta ao feedback negativo pode sumir com os pontos percentuais do valor das ações do dia para a noite. Os líderes que negligenciam as críticas e enxergam o feedback como crítica pessoal precisam se perguntar se estão sentados no lugar certo.

Ajudar os líderes empresariais a receber feedback, agradecer com sinceridade aos interessados por seus comentários e agir de acordo com aqueles que apontam os erros é um diferencial real na empresa. Exige uma habilidade legítima em ajudar seu cliente a superar suposições, distorções e generalizações; despersonalizar-se e considerar qual mensagem ou história ele deseja oferecer em resposta.

Usando feedback para avançar

Há muita diferença entre um líder que foca basicamente a informação em tempo real da companhia e aquele que foca a análise histórica.

Em alguns setores, tais como a indústria de lazer e entretenimento, os bônus das pessoas se ligam a quantas curtidas positivas no Twitter e no Facebook recebem por seus negócios. Departamentos inteiros são dedicados a oferecer resposta ao consumidor sobre questões levantadas em tempo real nas mídias sociais. Esses dados oferecem um rico potencial para histórias. Pode ser útil para os líderes perguntar o que está chegando em tempo real e experimentar a jornada do consumidor conforme ela se desenrola, em vez de fazer um retrospecto. Com um tratamento cuidadoso, uma empresa promove uma ação corretiva e mitiga o risco de publicidade adversa rapidamente.

LEMBRE-SE

Em geral, um foco na experiência em tempo real dos interessados indica um desejo de encontrar soluções rápidas e mitigar os riscos atuais, e um olhar em retrospectiva sugere o foco ao identificar como evitar situações parecidas no futuro. Os grandes líderes prestam atenção nos dois.

Ajudar um líder a desenvolver a história futura que ele conta, prestando atenção em sua visão e nas sequências de histórias anteriores, em vez de somente reagir ao feedback atual, é um papel importante em coaching e mentoria. Às vezes, um coach ou mentor é o único observador objetivo que pode ajudar um líder empresarial a manter os pés no chão e a perspectiva. Pode ser válido dar suporte a um cliente para considerar como ele quer que sua resposta seja entendida pelos outros e reservar espaço para ele nesse lugar até que consiga agir.

Mentoria em uma Pequena Organização

Nem todo mundo recebe mentoria dentro de uma grande organização ou tem consultores de peso a quem recorrer. Se estiver fazendo mentoria em uma pequena organização, use uma técnica chamada "criando sua equipe virtual de gênios". (Você também pode usar essa atividade em uma organização maior.)

Como mentor, você trabalha com seu cliente no processo. Verifique se há caneta e papel por perto.

1. **Considere quais qualidades você gostaria de ter e não tem nesse momento, e crie uma lista ou mapa mental delas.**

   Um *mapa mental* é apenas um desenho de imagens ou círculos nomeando qualidades-chave com uma série de subelementos que fluem a partir deles.

2. **Quando tiver sua lista, relaxe, volte-se para dentro e faça a si mesmo uma pergunta simples: "Quem você conhece ou admira nos negócios que já tem essas qualidades? Escolha alguém cujo trabalho você conheça e entenda, alguém que admire e veja como modelo. Diga seu nome."**

3. **Seja claro sobre o que deseja imitar nessa pessoa.**

   Seja muito específico.

4. **Imagine que a pessoa esteja em sua diretoria ou faz parte de sua equipe de consultores dos sonhos, seja específico sobre o papel que você gostaria que ela tivesse e com o que gostaria que colaborasse.**

   Você pode imaginá-la como um potencial investidor em sua empresa, por exemplo.

5. **Imagine que você *é* essa pessoa.**

Imagine que está dentro do corpo dela e tem o potencial de toda a experiência e pensamentos dela à sua disposição. Use a imaginação para ver o mundo através dos olhos dela. Imagine que você tem a compleição da pessoa e é ela de verdade (como fazia com seus personagens favoritos quando era criança).

6. **Faça sua pergunta. Seja qual for a ajuda que deseja, pergunte.**

Você pode dizer algo do tipo: "Como estou no corpo do Roberto Justus, quero saber como criar uma empresa nos próximos cinco a dez anos na qual ele gostaria de investir. O que eu buscaria se fosse o Roberto Justus? O que eu buscaria na história da empresa nos primeiros cinco a dez anos?"

Perceba o que surge na resposta que você recebe.

7. **Continue explorando mais a fundo.**

Pergunte o que, especificamente, ele faria para monitorar a empresa. O que buscaria nos resultados que você atingiu, talvez na forma como o preço das ações variou? O que ele buscaria na equipe de gerência? Nos produtos? O que o faria dizer sim para investir?

Você não está pensando necessariamente em ligar para Justus amanhã. Procura replicar o que ele veria na empresa. Você tem uma imagem elaborada e algumas ideias.

8. **Siga com a exploração enquanto estiver conseguindo dados e percepções.**

Quem mais você gostaria de ter em sua diretoria virtual? Se quiser criar uma marca de sucesso, poderia ligar para Jo Malone.

9. **Faça o processo de novo, seguindo os passos.**

Seu mapa mental sobre ser Jo Malone e criatividade no desenvolvimento de marca deve ser parecido com o da Figura 9-2.

10. **Quando trouxer à tona todas as qualidades que busca, considere como pode aplicá-las em seu contexto.**

Divirta-se!

LEMBRE-SE

As pessoas usam suas qualidades para que todos as vejam e demonstrem por meio de valores, comportamentos e do que observam. Avaliar uma empresa é observar se ela é sólida, coerente e faz o que diz. Um pouco parecido com um líder organizacional que é firme e coerente. Os líderes bem-sucedidos criam organizações bem-sucedidas. É um fato. Não subestime o valor de trabalhar a si mesmo e sua imagem enquanto atua na empresa.

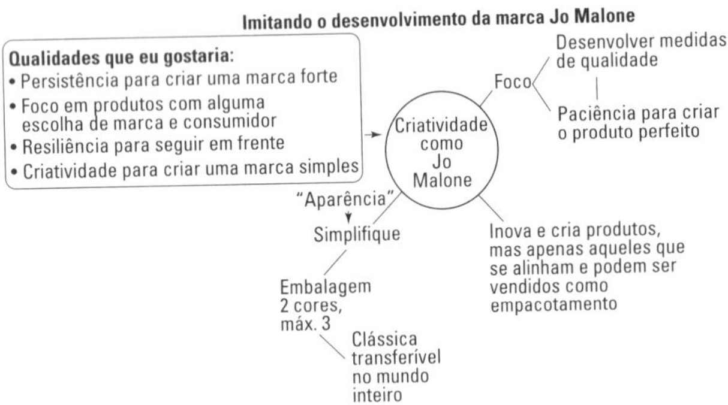

FIGURA 9-2: Um exemplo de mapa mental.

NESTE CAPÍTULO

» **Desenvolvendo consonância e confiança em você e na empresa**

» **Sendo claro sobre o que você quer**

Capítulo 10

Visão, Missão e Valores

Seria ótimo se palavras como *missão* e *visão* pudessem ser substituídas por frases inteiras, como: "Por que você está aqui?" e "Para onde sua ambição quer nos levar depois?" Esse tipo de linguagem cotidiana torna toda a parte de planejamento e estratégia muito mais convidativa. Significaria que não precisaríamos de explicações, definições e reinvenção dessa terminologia em particular. Os clientes estariam menos propensos a confundir e misturar missão com visão.

Coaching significa ajudar os clientes a encontrar clareza. Desenvolver e descrever uma proposta de negócios que faça sentido e se alinhe com o que a empresa deseja oferecer é uma área na qual um bom coach pode usar suas ferramentas e agregar valor real.

Alinhando Quem Você É com a Empresa em que Está

Negócios são pessoais. Donos de empresas, líderes e coaches fazem o que fazem porque atendem a uma necessidade. Quando essa necessidade não é atendida, eles ficam desmotivados, seu desempenho sofre e a empresa é afetada. O alinhamento de suas necessidades e desejos com a maneira como os negócios são feitos às vezes é negligenciado. Quando isso acontece, essas pessoas criam e comandam as empresas como se fossem algo exterior a elas, algo "fora" e dissociado.

As pessoas ficam confusas com a noção de equilíbrio entre trabalho e vida pessoal, como se fosse algo que exige separar suas identidades pessoal e profissional. Na verdade, isso não corresponde à realidade.

DICA

Encorajamos você a colocar toda a sua pessoa no trabalho. Se for o dono, fazer isso provavelmente será fácil; você criou a empresa, e ela reflete seus valores e propósitos. Para os líderes empregados na empresa e coaches, significa uma escolha. Escolher onde trabalhar e com quem é mais proveitoso quando se escolhe estar em organizações que se alinham a seus valores e desejos.

O que Realmente Importa

As pessoas muitas vezes confundem os termos *declaração de missão*, *declaração de visão* e *valores*. Verifique se entende a diferença para ajudar seus clientes a entender a diferença e ver o valor que você agrega como coach.

» **Declaração de missão:** Define o propósito da organização e, às vezes, a abordagem usada para atingi-lo.

» **Declaração de visão:** É uma aspiração, uma articulação do futuro desejado da companhia.

» **Valores:** São as qualidades comportamentais que a organização preconiza. Definem padrões de conduta para os envolvidos na empresa.

É possível enxergar a articulação de visão, missão e valores como uma ferramenta gerencial exigida para o relatório anual ou como ferramentas-chave de liderança que arregimentam seguidores. São um indicador de propósito e paixão, uma explicação que inspira as pessoas a aparecer para trabalhar todos os dias e seus consumidores a comprar.

Definindo o como e o porquê de sua empresa

LEMBRE-SE

Ter uma visão e uma missão não é opcional. Será difícil vender os benefícios do que faz sem os declarar explicitamente e com paixão. Você precisa se vender para os interessados atuais e futuros; em particular, os investidores e a equipe. Se as pessoas não puderem ver os benefícios, será difícil investir seu dinheiro ou dedicar seu tempo.

É difícil confiar na liderança de alguém que não tem convicção sobre seu propósito, ou só mostra foco e entusiasmo às vezes.

— SEBASTIAN COE, PRESIDENTE, ASSOCIAÇÃO INTERNACIONAL DAS FEDERAÇÕES DE ATLETISMO

Em geral, as declarações de missão e visão são combinadas e, às vezes, usadas de forma alternada. Isso não importa muito, contanto que você articule o porquê e o como de sua empresa com clareza.

» **A missão descreve o propósito central por trás da companhia, que não muda muito com o tempo.** Articula por que a empresa existe; aplica-se a toda a organização; é clara, atraente e fácil de reter e repetir para os outros; e alinha-se com os valores da organização.

- **A visão trata do porquê e como da empresa.** Trata da entrega da missão. Define o que a empresa busca oferecer em uma pequena declaração.
- **Os valores são um "como" da entrega da visão.** Eles fornecem uma direção de viagem e fundamentam a geração e o planejamento da estratégia.

LEMBRE-SE

Os interessados olham a missão e visão; os potenciais investidores olham para elas para decidir se investem ou não; e as pessoas decidem se candidatar ou não nas organizações com base em como se sentem sobre as declarações que são feitas. Você está convencendo pessoas a acreditar em você e na empresa, e é importante que elas entendam certo.

Evitando que a história o pare

Muitos donos de empresa se saem bem nos negócios porque querem provar algo para os outros e para si mesmos. Estão fugindo de algo que têm medo, ou cometeram erros, viraram a página e querem fazer a diferença. Algumas pessoas cresceram em empresas familiares e escolheram fazer algo diferente, ou querem comandar a empresa da família de forma distinta. Algumas pessoas entram no mundo empresarial com uma longa história familiar corporativa e outras são pioneiras no negócio.

De onde quer que comece, o coaching muitas vezes se destina a ajudar donos e líderes a deixar as limitações de seu pensamento nada útil para trás. O coaching muitas vezes lida com crenças limitadoras sobre o que os clientes acham que não são capazes ou os ajuda a ver que para expandir ou mudar uma empresa precisam desafiar o próprio pensamento. Ajude-os a questionar o que as outras pessoas esperam deles e o que querem e esperam de si mesmos.

Esclarecendo o que você valoriza e o que quer

"O que você quer?" é uma pergunta desafiadora. O único especialista nesse enigma é você. Ninguém mais pode responder a essa pergunta. Quando Marie a fez nos retiros que organizava para líderes bem-sucedidos, as respostas eram invariavelmente baseadas na mente. Elas caíam em uma lista: "Quero fazer um bom trabalho", "Quero ganhar dinheiro suficiente para ter uma boa casa", "Quero ser bem-sucedido", "Quero ter dinheiro suficiente para alimentar minha família e cuidar das crianças", e por aí vai.

A verdade é que esses desejos que são, muitas vezes, baseados e tendentes a "afastá-lo" do medo, são gerados a partir do que *não* queremos; medo de não ser visto como competente no trabalho, de passar necessidade, ser diminuído, passar fome, perder a casa ou os filhos. Esses medos geralmente estão enraizados em algum lugar de nossa história e nem nos pertencem.

Simplificando, se em algum lugar de seu passado você teve parentes que eram pobres, perderam tudo e acabaram em abrigos, essa história contada por sua avó está em algum lugar do seu DNA de criação de histórias. Seus pensamentos criadores de histórias influenciam e restringem o que você acha que quer. Isso leva à pergunta: O que *acha* que quer e o que *realmente* quer são a mesma coisa?

Indo mais fundo para descobrir a fonte de todos os desejos

Você já teve a sensação de saber instintivamente que algo está certo, errado ou que não é para agora? Os coaches têm vários nomes para isso: sabedoria da alma, discernimento, desejo profundo. Embora seja estruturada, a resposta vem do instinto profundo, do âmago, e nem sempre faz sentido para o indivíduo quando surge. Seja qual for o nome que dá a isso, ela é verdadeira.

No contexto empresarial, essa resposta está onde a essência está, aquilo que leva indivíduos a criar produtos e oferecer serviços que tornam o mundo um lugar melhor. Quaisquer que sejam os catalisadores, são pessoais para cada um. Duas pessoas podem chegar ao mesmo resultado ou estar no mesmo tipo de negócio, embora valorizem e acreditem em coisas diferentes. Não podemos ver esses catalisadores simplesmente observando o que os líderes empresariais criam, mas essas criações são carregadas de valor.

Então, como atingir esse desejo profundo? Vá para uma sala escura e silenciosa, e pergunte a si mesmo: "O que realmente quero?" Não faça essa pergunta de forma rápida e agitada; faça-a mais como uma meditação zen, sentado em um tapetinho. Marie viu Deepak Chopra fazendo uma versão desse processo pela primeira vez em 2007, com 1.200 pessoas. Passo a passo, o processo de três estágios funciona assim:

1. **Sente-se confortavelmente em silêncio, sem distrações, e programe um alarme para tocar em dois minutos. Respire profunda e lentamente. Então, pergunte a si mesmo: "O que eu quero?" Quando o alarme soar, pare.**

   Responda internamente ou em voz alta com afirmativas que comecem com "Eu quero..." Se quiser, faça algumas notas.

   Assegure-se de que o alarme seja suave para combinar com o estado reflexivo.

2. **Programe o alarme de novo, para três minutos, e recrie o ambiente do Passo 1. Então, pergunte a si mesmo: "O que eu *realmente* quero?"**

   Se tiver um bloqueio, repita a pergunta e espere pelas respostas. De novo, tome algumas notas quando o alarme tocar, se quiser.

3. **Programe o alarme para quatro minutos. Relaxe, respire profundamente no abdome e pergunte a si mesmo: "O que eu realmente quero, *de verdade*?"**

Espere as respostas surgirem e repita a pergunta quando precisar. Tome algumas notas quando o alarme disparar e perceba a diferença em suas respostas para as perguntas.

Perceba o que surge quando apenas ouve as respostas. Você provavelmente pensará em coisas como "liberdade", "autodeterminação", "conexão", "reconhecimento", "felicidade".

Ao examinar os valores pessoais e corporativos, o significado que dá às suas nominalizações é importante; muito, muito importante. O que quer que surja nesse exercício vale a pena explorar, pois ajuda a determinar como sua versão de "liberdade", "autodeterminação", e daí por diante, se desenvolve. Trabalhe com essas nominalizações para definir seus valores. Esse estágio é onde o coach realmente ajuda.

Se usar esse processo para orientar um cliente, você deve lhe pedir para considerar uma de suas nominalizações, como a liberdade. Pode perguntar: "Então, o que você valoriza na liberdade? Como é a liberdade para você em sua empresa? Na vida? Como seria a empresa se a liberdade fosse um princípio orientador?", e assim por diante. Essas questões são profundas. Elas precisam ajudar o cliente a criar sua imagem e plano, e a desenvolver a empresa ou contribuição em uma organização criando um papel que atenda a seu desejo profundo.

Ajudando uma Empresa a Criar Valores Operacionais

Valores se referem ao comportamento dos indivíduos em uma empresa, individual e coletivamente. São um componente-chave em termos de ética empresarial, responsabilidade social, governança corporativa e reputação. Embora sejam mais que atitudes, precisam ser coerentes com as atitudes que a empresa toma.

As atitudes surgem a partir dos valores e um desalinhamento pode criar problemas empresariais reais. Quando os consumidores, equipe, investidores e público em geral experimentam uma disparidade, reclamam, se queixam e responsabilizam a organização.

Orientando líderes empresariais a identificar valores

Veja um processo para orientar um grupo de líderes empresariais a identificar valores:

1. **Identifique o *locus* de controle.**

   Pergunte ao grupo: "Onde vocês põem seu controle? Vocês acreditam que têm poder de controlar a maior parte do negócio ou ele é majoritariamente determinado por outras pessoas, outras fontes de poder e influências fora dessa sala?"

   CUIDADO

   Se os membros do grupo não acreditam que têm controle sobre a maior parte do que fazem e como o negócio é conduzido, você está com o grupo de líderes errado ou os líderes com quem está se veem como seguidores, não líderes.

   Supondo que eles reconheçam que têm controle sobre como a empresa se relaciona com o mundo, você precisa ajudá-los a articular os limites de seu controle e entender quem se responsabiliza e como. Você pode usar um exercício de mapeamento de interessados para ajudar.

   LEMBRE-SE

   Você deve explorar o *locus* de controle para ajudar o cliente a determinar quais são seus limites e sobre o que ele sente que tem controle.

2. **Veja com o grupo as três partes da descoberta sobre "o que você quer", que foca a empresa.**

   Faça-o lentamente, fazendo as três perguntas a seguir repetidamente, deixando muito espaço para o grupo responder:

   - **"O que você quer para esta empresa?"** Repita essa pergunta regularmente durante um período de 10 a 15 minutos.

Registre as respostas do grupo em um quadro branco, cartolina ou notebook ligado a um projetor, algum lugar que todos vejam. Então, faça a segunda pergunta.

- **"O que você realmente quer para esta empresa?"** Repita a pergunta regularmente por um período de 20 minutos, dependendo do tamanho do grupo e do tempo disponível.

  Novamente, registre as respostas conforme elas surgem. Por fim, faça a terceira pergunta.

- **"O que você realmente quer, de verdade, para esta empresa?"** Repita a pergunta regularmente por um período de 20 minutos.

  Continue registrando as respostas. Se precisar, estimule o grupo com perguntas específicas complementares, como: "O que você quer para as pessoas nessa empresa? Para sua equipe? Seus consumidores? Seus interessados? Os usuários finais de seus bens e serviços?"

Pegue as respostas nessa descoberta sem comentá-las ou sem que o grupo as discuta, apenas compartilhe. É importante mostrar as respostas antes de orientar o grupo a respeito delas.

3. **Depois de obter o máximo possível de respostas do grupo, trabalhe para consolidar o conteúdo. Oriente-o com o conjunto de respostas, faça-o falar sobre suas respostas e peça-lhe para chegar a um acordo sobre cinco a dez nominalizações.**

Você trabalhará com essas nominalizações para criar um conjunto de valores.

Por exemplo, estas podem ser as respostas para um cliente:

- Nós queremos:

  Ser o melhor cine-café em Devon

Ter os melhores filmes atuais para que os clientes queiram ficar mais, comprar bebidas e uma refeição

Trazer de volta visitantes fiéis

- Nós realmente queremos:

  Que as pessoas amem nossas noites temáticas

  Criar uma experiência linda que seja acessível para todos

  Ser reconhecido no setor como um local importante

  Criar mais cines-café na região sudoeste

- Nós realmente queremos de verdade:

  Reconhecimento

  Coração

  Criatividade

4. Pegue as nominalizações, uma a uma, e explore-as com perguntas para o grupo.

A ideia é dar consistência a algumas declarações de valor.

5. Continue vendo todas as nominalizações; então, reduza-as entre cinco a sete declarações de valor.

Você poderá adaptar esse processo de descoberta se quiser passar por diferentes aspectos da empresa ou focar uma área ou grupo de interessados. Por exemplo, pode-se perguntar:

- O que você quer para seus consumidores?
- O que você quer para seus produtos?
- O que você quer para essa equipe de marketing?
- O que você quer para esse novo ambiente de trabalho?

Visão Inspiradora

O modelo de Níveis Lógicos (veja a Figura 10-1) foi criado por Robert Dilts, com base no trabalho de Gregory Bateson. Você pode usá-lo tanto como um diagnóstico para ajudar clientes a considerar onde a empresa está atualmente quanto como uma ferramenta de planejamento para levantar dados valiosos e dar apoio ao desenvolvimento da missão e visão. Também pode ser útil na orientação de líderes que planejam uma mudança.

FIGURA 10-1: O modelo de Níveis Lógicos, criado por Robert Dilts.

Ambiente

O nível do ambiente descreve a composição física da empresa, seus escritórios, área de produção, unidade de varejo, armazém, ou seja, onde a empresa opera. Relaciona-se com sua gama de interessados e relações, é o ambiente operacional.

As perguntas que podem ser feitas incluem:

- » Onde você faz negócios?
- » Quando você faz negócios?
- » Com quem faz negócios?

Comportamento

O nível do comportamento se relaciona a ações específicas: quais comportamentos são evidentes e quais a liderança estabelece.

As perguntas que podem ser feitas incluem:

- » Como você espera que as pessoas se comportem entre si?
- » Quais comportamentos específicos você quer ver nessa empresa ou cenário empresarial específico (por exemplo, mudança, fusão, aquisição)?

Capacidades ou competências

O nível de capacidades ou competências inclui as habilidades e conhecimentos necessários que impactam a maneira como as pessoas se comportam no ambiente em que trabalham.

As perguntas que podem ser feitas incluem:

- » Como o trabalho é feito?
- » Como a equipe de operações se relaciona com a de entregas?
- » Como você treina e desenvolve as pessoas para assegurar que tenham habilidades e conhecimentos certos?
- » Como você avalia sua competência de tempos em tempos?

Crenças e valores

O nível de crenças e valores engloba o que as empresas e pessoas consideram importantes, ou seja, os condutores emocionais, do coração, que explicam por que a equipe trabalha aqui, e não na empresa ao lado.

As perguntas que podem ser feitas incluem:

- » Por que você faz o que faz?
- » Por que é importante para você estar aqui?
- » Por que o trabalho em equipe/compromisso/equilíbrio é importante aqui?

Identidade

O nível de identidade trata de como a organização se imagina: como se descreve, seu propósito e como as equipes se descrevem e descrevem suas funções coletivamente; em outras palavras, quem ela é.

As perguntas que podem ser feitas incluem:

- » Qual é a identidade daqueles que trabalham na empresa? (Descreva as funções.)
- » Quem é você? (Descreva seu propósito no mundo em que atua.)

Propósito

O nível de propósito trata da conexão mais ampla além da empresa: como a empresa se conecta com algo fora de si, sua razão de existir e relação com algo maior.

As perguntas que podem ser feitas incluem:

- Para que servem seus serviços e produtos?
- A quem eles servem?
- Além disso, qual é o impacto desses produtos e serviços?
- O que mais eles podem atingir, além disso?

NESTE CAPÍTULO

» **Produzindo uma mentalidade criativa para o planejamento de projetos**

Capítulo 11

Criando Planos Viáveis

Em 12 de novembro de 2014, a Agência Espacial Europeia (ESA) pousou com sucesso uma sonda do veículo espacial Rosetta na superfície do Cometa 67P/Chryumov-Gerasimenko. A expedição épica de dez anos da Rosetta iniciou-se em março de 2004 e envolveu três breves encontros com a Terra e um com Marte. O veículo espacial entrou em hibernação no espaço profundo por mais de dois anos e viajou mais de 6,4 trilhões de quilômetros antes de culminar na aterrissagem em um cometa em movimento a 403,9 bilhões de quilômetros da Terra.

Tudo estava indo de acordo com o plano até os últimos minutos, quando os arpões projetados para ancorar a sonda Philae na superfície não dispararam adequadamente e o módulo ricocheteou antes de, enfim, pousar a quase 1,6km do lugar escolhido. Um projeto de US$1,5 bilhão, com as equipes de cientistas espaciais mais inteligentes do planeta, não foi planejado para encontrar uma superfície mais dura do que era esperado.

Poucos coaches estão envolvidos em tais projetos de escalas épicas, mas se você está fazendo o coaching do lançamento de uma startup, do desenvolvimento de um novo produto, de uma campanha de vendas ou de um projeto espacial, trabalha com clientes para criar planos sólidos nos quais as adversidades são desfavoráveis para o sucesso, sabendo que mesmo os planos mais bem feitos não conseguem abarcar todas as eventualidades.

A máxima "um planejamento prévio adequado previne o mau desempenho" é uma realidade nos negócios. Planos e projetos são muitas vezes realizados sem uma boa pesquisa ou diligência.

Criando um Plano Adequado ao Propósito

Emma, amiga de Steve, é uma pessoa pioneira e visionária. Embora consiga ser detalhista, muitas vezes se vê sufocada só de pensar nisso. Emma aprendeu a terceirizar ou delegar os detalhes para alguém que ama fazer esse tipo de trabalho. Trabalhando com uma equipe, Emma tem resultados incríveis.

Você precisa fazer duas perguntas importantes para seus clientes de coaching antes de entrar em qualquer orientação sobre o planejamento de projetos:

- » Você se sente mais confortável e prefere trabalhar com conceitos gerais ou está confortável em trabalhar com detalhes?
- » De quanto detalhe você precisa nesse estágio?

Ao planejar, há um ponto ideal de conforto entre trabalho despreocupado (evitando detalhes) e trabalho excessivamente analítico (entrando nos mínimos detalhes). Esse ponto ideal é onde a profundidade e o detalhamento do planejamento estão equilibrados para o cliente. O problema está nos detalhes de todo plano, mas se o trabalho detalhado está fora da zona de conforto do cliente, ele deve reconhecer essa limitação desde o início e recrutar ou terceirizar esse trabalho para alguém que ame trabalhar com detalhes e seja bom nisso.

DICA

Tanto o trabalho despreocupado quanto o excessivamente analítico são, muitas vezes, conduzidos pelo medo. Um trabalho despreocupado vem do desespero para que um projeto funcione e da relutância em examinar muitos detalhes, no caso de a visão ser inatingível. Isso aparece como sobrecarga e procrastinação. Um trabalho excessivamente detalhado origina-se do medo de errar e desejo de perfeição. Planejar a perfeição paralisa os indivíduos ou a equipe e até impede que uma visão válida se inicie.

LEMBRE-SE

Você não orienta para jogar água fria em um plano de projeto ou dar carta branca, confirmando que o plano é adequado ao propósito. Seu papel como coach também não é ter uma bola de cristal para prever o futuro, mas trabalhar com o cliente para que ele tenha pesquisado o suficiente e esteja confortável de ter feito um trabalho bom e sólido ao criar um plano, com base nas informações disponíveis no momento. Não é sua visão nem seu negócio, e a decisão final de executar um plano deve ser do cliente.

Regras de mentalidade do planejamento

A sombria realidade dos negócios é que grandes visões muitas vezes acabam em fracasso, novos produtos são malsucedidos e novas empreitadas falham em atender às expectativas. Nos Estados Unidos, 33% das empresas fracassam no primeiro ano de funcionamento, e no terceiro ano o número sobe para 50%. Você provavelmente consegue pensar em várias histórias nas quais entusiasmo e perseverança cegos levaram ao sucesso, mas essas histórias são exceções à regra.

É mais provável ter sucesso em um empreendimento seguindo os processos certos; entusiasmo e perseverança sozinhos não são suficientes. O que você precisa são estratégias que movam a empresa na direção geral do sucesso. O cenário econômico que muda rapidamente também significa que as empresas são mais pressionadas a ter que inovar, planejar e executar planos mais rápido do que nunca.

As companhias agora percebem os benefícios de ter um plano que é "bom o suficiente por enquanto", para lançar um projeto, reunir feedback e se ajustar ao feedback conforme o plano evolui. Um novo paradigma de mudança é evidente no desenvolvimento de produtos e serviços, e em como as visões são transformadas em realidades bem-sucedidas.

Esse paradigma de mudança funciona da seguinte maneira:

1. **Ter uma visão (ter clareza).**
2. **Ter um plano estratégico (bom o suficiente por enquanto).**
3. **Executar um plano (sem ser perfeito).**
4. **Medir os resultados e receber feedback (de consumidores, equipe, fornecedores).**
5. **Ajustar o plano de acordo com o feedback recebido (assegurando que todos vistam a camisa e estejam cientes de suas responsabilidades).**
6. **Testar se o plano está progredindo na direção certa.**

Antes de orientar sobre as opções de planejamento, você precisa ajustar algumas atitudes e regras, trabalhando individualmente, com uma equipe ou organização. Estas são as *Regras de Mentalidade do Planejamento*.

Os clientes devem:

- **Estar em um estado calmo e relaxado antes de qualquer planejamento ou avaliação:** Evite estar excessivamente entusiasmado, pois isso distorce as percepções, levando ao entusiasmo cego. Evite a negatividade, pois ela leva a ideias sendo descartadas antes de serem adequadamente avaliadas.
- **Estar com a mente aberta:** Muitas ótimas ideias vêm do "pensamento visionário".
- **Ser honestos e vulneráveis, com disposição para ouvir, contribuir e acolher todo feedback:** Ser preciosista impede os clientes de ver uma maneira mais rápida, fácil ou melhor. O medo de fazer um comentário ou uma pergunta significa a perda de uma percepção valiosa.
- **Estar imparcialmente desprendidos dos resultados do plano:** Separar qualquer vínculo dos resultados de um projeto significa que o plano pode ser avaliado de uma perspectiva neutra, sem qualquer necessidade ou desespero para que funcione.
- **Estar comprometidos para se engajar e contribuir com o processo de planejamento:** Às vezes, os clientes se desprendem do processo de planejamento por razões que eles nem sempre conseguem expressar. Esteja disposto a se engajar, deixando de lado reservas pessoais sobre a visão.

DICA

As Regras de Mentalidade do Planejamento definem as condições para sessões de coaching bem-sucedidas, criativas e úteis. Sempre estabeleça essas condições e tenha a disposição e a concordância verbal do cliente para seguir essas regras antes de começar. Se houver relutância em se envolver, ela deverá ser imediatamente avaliada. Neutralizar quaisquer objeções ou resistência antecipadamente prepara a sessão para o sucesso. Anote as regras e ponha-as na parede como lembretes.

Explorando opções

DICA

Sempre comece uma sessão de planejamento com os dois exercícios a seguir. O tempo que levam depende do tamanho e do detalhe do projeto. É melhor fazê-los em uma sessão ou workshop; dedicar um tempo focado possibilita dinamismo e oportunidade de parar, fazer pausas e deixar o cliente ter momentos de reflexão sobre suas descobertas.

Exercício 1: Metas e resultados bem formados

A programação neurolinguística (PNL) consiste de uma série de perguntas que revelam se é provável que uma meta ou visão ocorra. Revela obstáculos potenciais desde o início de qualquer projeto. Completando a averiguação sobre metas e resultados bem formados e supondo que as conclusões ainda são de que a visão é ótima e parece possível, você precisa explorar, experimentar e ser criativo.

Se a conclusão ao fim do exercício for de que é improvável que o projeto tenha sucesso, então, muito tempo, dinheiro e esforços valiosos foram economizados. Embora as pessoas possam ficar desapontadas com essa conclusão, precisam focar o que economizaram não seguindo a visão.

Exercício 2: Perspectivas imparciais

Em 1956, George Miller publicou o livro *The Magical Number Seven, Plus or Minus Two: Some Limits on Our Capacity for Processing Information* (sem publicação no Brasil). Miller demonstrou os limites de nossa habilidade mental de reter e processar pedacinhos de informação além de 7 +/– 2. Demonstre esse fenômeno pedindo aos clientes para ouvirem sua voz, tomarem consciência da cadeira na qual estão sentados, perceberem a temperatura da sala, ouvirem o próprio diálogo interno, tomarem consciência da luz na sala, lembrarem-se do que comeram no café da manhã, analisarem seu corpo sentindo qual parte está mais confortável e perceberem quantas daquelas sete tarefas esqueceram ou não conseguiram monitorar ao mesmo tempo.

Essa tarefa é o equivalente mental a um malabarista rodando pratos em uma vareta. Estamos mentalmente limitados a quantas coisas podemos nos concentrar de uma vez só, incluindo aqueles que acreditam ser multitarefas.

A relevância desse conceito ao planejar é importante. Você irá testemunhar um cliente, em um momento, entusiasmado e animado sobre a visão; então, ele mudará seu pensamento para o planejamento, talvez o criticando e duvidando dele conforme entra em detalhes, ponto no qual ele esquece sua visão entusiasmada. Então, volta à visão, esquece os detalhes que precisam acontecer para tornar o plano real. Mentalmente rodando os pratos, ele muda de entusiasmado a incerto, e muda de novo. As pessoas não conseguem processar mentalmente toda a informação necessária para transformar uma visão em um plano de uma vez. Esse processo comum de mudar as percepções da visão para o plano é mentalmente cansativo e, muitas vezes, acaba em paralisia, com visões que valeriam tempo, dinheiro e esforço sendo postas de lado ou proteladas.

O exercício a seguir ajuda o cliente a formar um plano para a visão sem se sentir sufocado ou procrastinar.

Você precisará do seguinte:

- Folhas de cartolina ou um grande quadro branco e marcadores.
- Muitas notas adesivas e fichas catalográficas.
- Algum espaço. (Se estiver trabalhando com uma equipe, o ideal será usar três salas diferentes. Se estiver trabalhando individualmente, você precisará de três espaços distintos para a pessoa ficar em pé.)

Durante o exercício, falamos sobre trabalhar com uma equipe, mas ele funciona igualmente com um indivíduo. Use a Figura 11-1 para guiá-lo nas várias perspectivas.

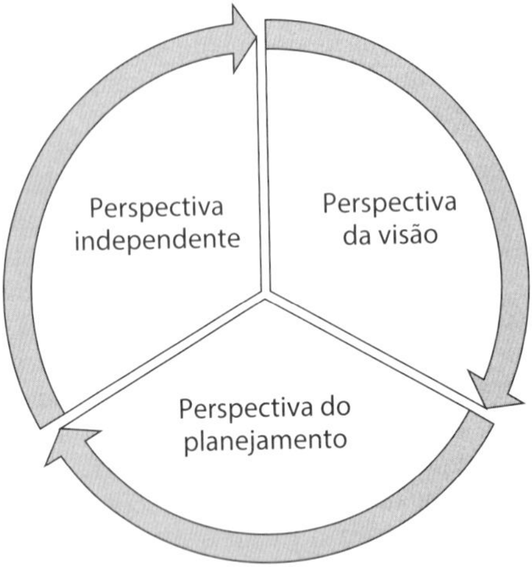

FIGURA 11-1: Visualizando um plano de várias perspectivas.

Lembre a equipe sobre as Regras de Mentalidade do Planejamento e faça-a se comprometer abertamente a segui-las. Se as violar, você terá permissão para apontar isso e fazê-la "PARAR".

1. **Faça a equipe entrar na Perspectiva da Visão.**

   Selecione uma parte da sala ou uma sala separada e, nesse espaço, peça à equipe para pensar *apenas* na visão. As pessoas não devem se preocupar com nada quando estiverem nesse espaço; por exemplo, como a visão será atingida ou se ela é realista ou viável. Faça-as adotar a postura de um visionário, olhando para cima e para frente, talvez com braços estendidos e gestos ousados, em uma mentalidade ampla e visionária.

   Tocar uma boa música instrumental inspiradora como som ambiente ajuda a adotar a perspectiva correta, assim como ter uma visão inspiradora ou estar em um lugar inspirador.

Convide-as a descrever a visão:

- O que vocês conseguem ver? O que conseguem ouvir? O que sentem?
- Se a visão fosse melhor, como seria?
- Se vocês pudessem criar qualquer coisa, descrevam o que criariam.
- Essa visão é realmente a melhor? Não sonhem baixo etc.

Da Perspectiva da Visão, não existem limites. Use essa perspectiva e encoraje a equipe a ir além das fronteiras e limites que podem ter sobre o que é possível. Conforme descrevem a visão, use fichas para escrever palavras-chave. Você está buscando tirar a visão de sua cabeça e superar a limitação do número mágico 7 +/– 2. Haverá mais de sete aspectos da visão para as pessoas descreverem. Mantenha as descrições fluindo, encoraje-as a continuar falando e descreva a visão em termos positivos. Não permita que parem e reflitam sobre o que escreveram, pois isso impede o processo criativo.

DICA

Durante o processo, observe como as pessoas participam. Você pode notar membros da equipe que não "vestiram a camisa" da visão; estarão afastados ou retraídos, ou apenas entrarão no jogo por gentileza. Essa informação é valiosa. É melhor ter alguma relutância e reservas sobre um projeto reveladas no início. Desengajamento leva a sabotagem ou não cumprimento de prazos.

Quando a resposta para a pergunta "Essa visão é realmente a melhor?" for "sim", chegou o momento de parar o exercício.

2. **Passe à Perspectiva do Planejamento.**

De novo, selecione um espaço ou sala diferente; o ideal é que tenha quadros brancos ou espaços para cartolinas. Esse será o departamento de planejamento. Faça a equipe entrar na fisiologia de planejadores (agindo como se fossem planejadores), faça-a adotar uma expressão engraçada e curiosa, talvez com a mão no queixo.

Instrua-a a imaginar onde se senta para fazer sua contabilidade pessoal ou atualizar sua agenda, e adote a mesma postura.

Nesse espaço, há planejadores, consultores externos que têm uma única missão: explorar as opções e criar planos para atingir a visão.

Conforme as ideias fluem, deixe as pessoas escreverem palavras-chave nas fichas e coloque-as no chão. Nesse estágio de planejamento, elas estão interessadas *apenas* em conceitos de alto nível. Você quer criar o esqueleto de um plano, não necessariamente seus mínimos detalhes. Se sentir que alguns planejadores estão entrando em mais detalhes com processos ou sistemas do que os outros se sentem confortáveis nesse momento, peça-os para tomar nota de que mais detalhes são necessários para aquela parte do plano; os mínimos detalhes serão tratados depois.

Volte à área de Perspectiva de Planejamento (faça os clientes adotarem a postura) e instrua-os a organizar a pilha de fichas com palavras-chave e agrupá-las. Eles começarão a ver padrões surgirem com passos e sequências lógicas. Quando estiverem felizes com as fichas dispostas em padrões e passos lógicos, transfira o que foi produzido para as cartolinas ou quadros brancos.

Dê aos planejadores tempo para reorganizar o plano. Busque e faça marcações para considerações posteriores:

- Otimização (em que as sequências podem ser melhoradas)
- Sobreposição (evitar repetição)
- Redundância (alguns passos podem parecer desnecessários após a revisão)
- Marcos (pontos nos quais os planos podem ser mensurados para checar o progresso e comemorados quando estão nos trilhos)
- Pontos de estrangulamento (lacunas de informação ou nos quais as falhas em entregar podem frear o progresso do restante do plano)

Chega-se a um ponto no qual os planejadores querem detalhar demais nesse estágio ou sentem que fizeram um bom trabalho. Nesse momento, pare e faça uma pausa.

3. **Agora, instrua-os a entrar em uma Perspectiva Independente sobre o trabalho que os planejadores fizeram.**

Passem para o terceiro espaço e peça para a equipe imaginar que são auditores externos cujo papel não é questionar a visão, mas avaliar se os planejadores fizeram um bom trabalho. Se recebessem uma fatura deles, pagariam?

Algo fascinante acontece nesse estágio do exercício: as mesmas pessoas que criaram o plano agora apontam falhas ou lacunas que, quando estavam na perspectiva de planejamento, não foram capazes de ver. Essa mudança é o fenômeno do número 7 mágico em ação e enfatiza o valor de uma perspectiva externa, mesmo quando ela vem das mesmas pessoas. Quando todo o feedback construtivo for esgotado, faça uma pausa.

4. **Volte ao Passo 2 e, da Perspectiva de Planejamento, considere todo o feedback construtivo da Perspectiva Independente e ajuste o plano de acordo.**

Quando os planejadores sentirem, de novo, que fizeram um bom trabalho, vá para o Passo 5.

5. **Volte à Perspectiva Independente e faça as mesmas perguntas do Passo 3. Devolva essas informações aos planejadores.**

Continue passeando pelas perspectivas até que os consultores independentes fiquem satisfeitos com o bom trabalho feito no momento e estejam dispostos a pagar a fatura dos planejadores. Faça uma pausa.

6. **Com um plano de alto nível preparado, volte à Perspectiva de Visão e a revise, agora com um plano criado para torná-la realidade, e veja o que acontece.**

   A pergunta a fazer à equipe é: "Como está a visão agora, em comparação com a visão anterior ao plano?"

Com que frequência as empresas assumem projetos que, depois de concluídos, percebe-se que nunca deveriam ter começado? Esse experimento ajuda os clientes a ter a vantagem da retrospectiva antecipadamente.

Assumindo que a visão ainda é inspiradora, e o plano, sólido, você observa algumas causas comuns que levam um ótimo plano a falhar.

Reconhecendo um trabalho bem-feito

Alguém já disse que você está fazendo um bom trabalho de coaching? Você ficou animado e ganhou novo fôlego para trabalhar? Já fez um ótimo trabalho de coaching e passou despercebido, afinal, você está apenas fazendo seu trabalho, não é?

Todos fazemos referências internas às vezes, e verificamos por conta própria se estamos fazendo um bom trabalho, tomando uma boa decisão ou sendo insuficientes. Outras vezes, fazemos referências externas também, e checamos com os outros se estamos fazendo um bom trabalho ou tomando uma boa decisão.

De vez em quando, até as pessoas autodidatas precisam de uma verificação externa de que estão fazendo um bom trabalho e estão nos trilhos. De outra forma, correm o risco de fazer tantas referências internas que ignoram o feedback externo.

Oriente seus clientes a valorizar o reconhecimento externo sobre seu desempenho, reconhecer e aceitar o trabalho feito por seus colegas. Mantenha a equipe a bordo. Mesmo se forem referenciados internamente na maioria, faça-os perceber que são valorizados.

NESTE CAPÍTULO

» Esclarecendo o sucesso

» Aprimorando a flexibilidade de liderança

» Entendendo o papel de mentores na oferta de expansão da liderança

Capítulo 12

Mentoria Empoderadora

Liderar uma organização em uma área funcional pode ser recompensador e pessoalmente gratificante. Também pode ser difícil. A orientação e sabedoria de um mentor são valiosas. A sabedoria transmitida por alguém que já "esteve lá e fez isso" economiza uma grande quantidade de tempo para um líder. O suporte da mentoria oferece garantia e evita erros ou riscos desnecessários para um líder. Por fim, essa intervenção beneficia a empresa.

Este capítulo analisa a mentoria em um contexto de sucesso e liderança. Examinamos como ajudar um cliente a definir sucesso e a lidar com pensamentos limitantes quando surgem. Muitas das ferramentas podem ser usadas em outras áreas de liderança. Convidamos você a considerar os exercícios a partir de sua perspectiva como mentor de liderança e como você mesmo, em qualquer circunstância que lidere, como líder organizacional ou líder na vida.

Sendo um Ótimo Mentor de Liderança

Pense em coaching como o uso de um conjunto de habilidades profissionais no qual o coach bem treinado não precisa ter experiência em um tipo particular de empresa, em um papel de liderança específico ou na mesma área da pessoa orientada.

- O coach usa um conjunto de habilidades e experiências para ajudar o cliente a encontrar soluções e entender coisas a partir dos próprios recursos.
- O mentor, às vezes chamado de consultor de confiança, usa habilidades de coaching para ajudar o mentorado a explorar situações. O mentor aproveita sua experiência, prática e sabedoria para ajudar alguém a planejar ou lidar com situações parecidas.
- Tanto o coach como o mentor capacitam seus clientes.

Você deve estar se perguntando se é possível ser ambos. A resposta é sim. Nós fazemos coaching de executivos nos aspectos empresariais e mentoria de coaches buscando estabelecer sua prática de coaching e treinamento.

DICA

Se você é mentor, e passou a fazer mentoria porque sua experiência, habilidades e conhecimentos têm sido requisitados, adquira algumas habilidades de coaching. Em nossa experiência, esse treinamento é o que faz a diferença.

Alguns líderes têm vários mentores ou uma combinação de mentor e coach. Essa situação é útil em circunstâncias específicas em curto prazo. Vimos poucos líderes ao longo dos anos exagerarem no suporte de coaching e mentoria. Esse excesso tem o efeito oposto. Acarreta clientes indecisos, que ficam perdidos em uma confusão de consultorias. A responsabilidade de evitar essa situação é de todos: líder, mentores e coaches.

CUIDADO

Para evitar qualquer confusão sobre quem aconselha seu futuro cliente, verifique se seu contrato inclui uma verificação de qual mentoria e coaching formal e informal a pessoa já recebe. Os limites dessas relações devem ser discutidos previamente no estágio de contratação. Isso assegura que você esteja ciente de quem mais aconselha e orienta a pessoa; a pessoa pode ter uma visão ou abordagem diferentes da sua. Saber disso o ajuda a decidir se quer trabalhar com o cliente; também ajuda a gerenciar os próprios limites se e quando o cliente diz: "Ah, bem, meu mentor, Jim, discorda de sua abordagem porque..." ***Lembre-se:*** Permitir que outras pessoas sejam autênticas e melhorar sua capacidade de liderar não é uma competição.

Desafiando as Ilusões do Sucesso

O que ser bem-sucedido significa para você?

- **São coisas?** Coisas são as propriedades que você tem, o carro que dirige, a marca das roupas que veste, o relógio em seu pulso, os cartões de crédito que tem na carteira.
- **São símbolos?** Símbolos incluem a escola em que seus filhos estudam, a universidade em que você estudou, o local onde mora e os clubes em que entra.
- **São experiências?** Experiências incluem onde você tira férias, o tipo de esporte que pratica, os restaurantes que frequenta, a quantidade de cuidados pessoais que pode bancar.

Qual é *sua* medida de sucesso pessoal?

Nós dois fizemos essa pergunta centenas de vezes. Nada que você diga pode nos chocar. Um cara orientado por Marie em serviços financeiros, vamos chamá-lo de Ben, descreveu sua medida de sucesso como sempre ficar à frente de Joe, um colega que também era excepcionalmente bom em conseguir clientes de alto valor e, assim, ganhava bônus. Ben estava orgulhoso do fato de que tinha acabado de ser convidado por um dos sócios sênior para se juntar a um pessoal nas tardes de sexta-feira uma vez por mês em um "clube de cavalheiros" VIP. Ele considerava isso um sinal de aceitação e um indicador de que estava no caminho de ser promovido e ainda mais bem-sucedido. No mundo de Ben, esse sinal o tornou mais bem-sucedido que Joe.

CUIDADO

Antes de nos dar lição de moral, é um fato na vida que, em algumas áreas empresariais, homens e mulheres fazem coisas que seus pais poderiam não gostar para promover suas carreiras. Como coach ou mentor, você precisa encontrar formas de ir além disso. Seu trabalho como coach é ajudar os clientes a observar sua experiência e mudar, caso escolham, não os julgar. Você pode desafiar alguém a considerar suas definições de sucesso e felicidade ou o que algum comportamento de risco significa para a pessoa. Julgar seu estilo de vida, no entanto, não é seu papel. Essa questão trata de limites. Se a medida de sucesso de alguém não coincidir com a sua, o que você vai fazer? Trabalhar apenas com clientes que compartilhem seus valores, medidas de sucesso e visão de mundo? Boa sorte nisso.

Qual é sua definição pessoal de sucesso? Escreva-a em duas ou três frases.

Sucesso e cultura

O que as pessoas valorizam como medida de sucesso em uma cultura muitas vezes se torna parte da medida de sucesso dos indivíduos nela. Essa afirmação é particularmente verdadeira quando indivíduos trabalham dentro do mesmo contexto cultural. Existem sobreposições culturais na definição de sucesso, e, se você fizer mentoria internacional, entender os condutores de sucesso em uma cultura em particular será importante. A definição do seu cliente pode não refletir esses condutores, mas pode ser útil ter uma noção do que determina sucesso no país de origem ou onde alguém desenvolveu seu patrimônio.

Se pedíssemos para você dizer três palavras-chave para descrever sucesso em diferentes culturas, algumas ou todas seriam diferentes. Escreva três palavras para: Singapura, Nova York, Suécia e Sidney. Vê o que queremos dizer?

Definições culturais de sucesso podem ser uma área interessante para mentoria e coaching, particularmente no trabalho com cidadãos estrangeiros que estão muito tempo fora de seu país de origem ou aqueles que lideram em várias culturas. Pode ser importante para algumas pessoas trabalhar com um mentor que tenha uma bagagem cultural específica. Se você é responsável por identificar mentores, essa consideração de seleção é importante, também.

DICA

Se estiver trabalhando com um cliente que tem uma cultura diferente da sua, dedique tempo para entender seu mundo e o que formou sua visão cultural de mundo. Fazer isso será muito importante se for esperado que seu cliente lidere em diferentes culturas ou se ele estiver liderando dentro de uma organização que tem suas raízes firmemente fixadas em uma cultura alternativa.

Perguntas de mentoria nessas linhas podem ser úteis:

» O que é mais valorizado no seu país de origem e como os profissionais definem o sucesso?

» O que você aprendeu com isso?

» Como seus pais definiram sucesso para você?

» Como você entende (a organização) e os valores gerais do país onde está trabalhando agora?

» Como você pensa que a definição do que sucesso significa nessa empresa e nessa cultura difere de sua experiência anterior? O que é igual?

» E os outros territórios pelos quais é responsável? Como você pensa que os colegas lá definem o sucesso em geral?

- Qual é sua definição pessoal de sucesso?
- Qual é a definição para aqueles que são importantes em sua vida?

Sucesso não é um destino

Vivemos em um mundo cada vez mais acelerado. Somos as gerações VICA, vivendo e liderando em tempos voláteis, incertos, complexos e ambíguos. O fluxo de informação, a globalização crescente e nossa habilidade de viajar com relativa facilidade em função dos negócios criam um vício pelo destino. Se você ficar em uma organização por tempo suficiente, ouvirá pessoas competindo umas com as outras por estarem ocupadas, como se essa fosse uma medida de empresa eficiente. A maioria dos líderes que conhecemos sempre está ocupada "indo" para algum lugar.

Robert Holden, coach, escritor e palestrante internacional, escreve sobre vício no destino em seu brilhante livro, *Success Intelligence* (sem publicação no Brasil). Ele diz: "Estar ocupado parece muito impressionante e necessário. Parece gerar propósito, foco, impulso e alta produtividade [...] Estar ocupado muitas vezes é apenas ruído. Não há uma real substância nisso."

Concordamos. A sociedade inventou uma relação de causa e efeito entre ocupação e eficiência, entre eficiência e sucesso. Essa percepção está em nosso DNA de trabalho e na globalização crescente; a cultura de trabalhar 24 horas agrava isso. A suposição é: "Se pareço ocupado, devo ser eficiente e, se sou eficiente, devo ser bem-sucedido."

O risco é que a sociedade, com muita frequência, associa sucesso com estar ocupado. Raramente questionamos por que estamos nisso e não conseguimos ver o rápido elevador em que estamos porque todo mundo está subindo na mesma velocidade, em geral. Coaching e mentoria são poderosos. Ter um suporte treinado para ajudar as pessoas a ver o que ainda não conseguem ver as ajuda a fazer escolhas ativas com base na própria exploração do sucesso e do que isso significa para elas. Muitas pessoas nem mesmo se questionam, estão muito ocupadas correndo na esteira da vida de outra pessoa.

Lidando com as Armadilhas do Sucesso do Tipo "Eu Deveria"

A maioria das pessoas tem dúvidas sobre si. A verdade é que, na liderança, essas dúvidas criam restrições e limitações em uma empresa. Se pedíssemos para você imaginar uma biblioteca cheia de livros, na qual os títulos descrevessem sua vida até agora, quais seriam? Algum deles diria coisas como:

- » Eu já deveria ter amadurecido?
- » Eu deveria trabalhar mais?
- » Eu deveria ter um bônus maior e um carro melhor?
- » Eu deveria ver mais meus amigos?
- » Eu deveria ser mais feliz?
- » Eu deveria expandir essa empresa?

Você entendeu. Quando fazemos essas perguntas às pessoas, elas invariavelmente surgem com uma mistura de títulos positivos e melancólicos. Experimente com seus clientes.

Quando a lista estiver completa, faça seu cliente pegar cada um dos "deverias" e remetê-los a uma nova biblioteca. Você pode ajudá-lo a fazer essa atividade pegando todas as frases e, para cada uma, fazer as seguintes perguntas:

- » O que o impede de fazer isso agora?
- » Isso é algo que você quer na sua vida agora?

Trabalhe a lista de frases, e, se a resposta para qualquer uma delas for "Na verdade, não quero mais fazer isso", vai para a biblioteca do deveria. Faça seus clientes imaginarem a frase flutuando para outra biblioteca empoeirada com uma placa na porta "Depósitos apenas — sem resgates". Então, peça-lhes para pegar o pedaço papel no qual escreveram o título, rasgar e jogar na lixeira. Dessa forma, eles o remetem metaforicamente à história.

Quando chegar a um título que é algo que o cliente quer, mas não tem ainda, pergunte: "O que está atrapalhando?", ou, "No que você acredita ao conseguir isso?" Invariavelmente, surge uma crença limitante. Uma *crença limitante* é algo que você pensa que não pode ter ou atingir, uma barreira ou limitação que o impede até de questionar se consegue fazer ou alcançar algo. As crenças limitantes nem sempre se referem a conseguir ou alcançar mais. Podem se relacionar a ter, alcançar ou fazer menos também. Às vezes, os clientes têm uma visão clara sobre limitações, como: "Não sou confiante o suficiente", ou, "Não tenho tempo". Muitas vezes, os clientes não sabem o que os limita. Você pode precisar ajudá-los a trazer à tona a crença limitante e a desafiar. As próximas seções explicarão como fazer isso.

LEMBRE-SE

Remover crenças limitantes antes de implementar processos de mudanças é crucial; de outra forma, o cliente tenderá a fazer do seu modo.

Identificando as Qualidades Comuns dos Grandes Líderes

O que faz um grande líder? Trabalhamos com líderes há 30 anos e a resposta é mais complexa do que uma simples lista de atributos. Algumas coisas fazem líderes de destaque, e isso ainda depende de para onde você olha e da perspectiva adotada. Considerar um líder da perspectiva de um investidor é diferente da de um membro da equipe, diretoria, dono da empresa ou de um fornecedor. Esse fato explica em parte por que continuamos estudando isso. Buscamos a fórmula mágica como se pudéssemos engarrafá-la e borrifar nos outros, caso seja possível identificá-la. A liderança não é uma ciência. Não podemos isolar as variáveis tempo suficiente para observar o que acontece. Os líderes utilizam um complexo conjunto de ferramentas para criar uma visão e explorar várias estratégias e recursos. Os líderes precisam de conhecimento institucional e/ou específico do setor, e da habilidade de gerir complexidade e mudança.

Ao fazer mentoria sobre liderança, é tentador pensar que um mentorado busca jogar o jogo da liderança como você. Ele pode não estar, principalmente se tiver menos de 30 anos e você, mais. Ele está interessado em algumas de suas qualidades, além da oportunidade de discutir sobre algumas novas qualidades de liderança que sente ser cada vez mais importantes. O que ele valoriza é a sua sabedoria e suporte sobre como você é ou foi líder para poder decidir como fará isso ele mesmo. Ajudá-lo a descobrir quais qualidades são importantes para ele pessoalmente e em sua área de trabalho é função de um mentor que trabalha com liderança.

Parecendo e se comportando como líder

Como é um líder? Winston Churchill, Steve Jobs, Karan Bilimoria, Tom Singh, J. K. Rowling, Oprah Winfrey, Mark Zuckerberg, Tony Hsieh? Marque todas as anteriores.

Até os anos 1990, grande parte dos líderes vestia ternos e carregava pastas. Desde então, a maioria das organizações adotou o visual informal no cotidiano. Até o *Institute of Directors*, instituição britânica fundada em 1903, recentemente criou um ambiente casual em uma de suas instalações em Londres.

Então, como é a aparência de um líder? A resposta mais simples é que ele se parece com a imagem que seu setor de atividade espera que tenha, se comporta e veste o que o reflete. Ele se apresenta com o que se sente confortável para fazer negócios, em geral.

DICA

Se está fazendo mentoria de um líder ou futuro líder, considere sua própria imagem e como seu cliente pode precisar pensar sobre aparência e comportamentos, dependendo da empresa na qual ambos trabalhem, da cultura dessa empresa e de quaisquer normas transculturais. Para os mentores, esse tópico é complicado porque suas suposições sobre como um cliente deve se apresentar em um papel de liderança e quais comportamentos você acredita que deve mostrar são, muitas vezes, distorcidas pela própria experiência como líder. Os mentores podem ter várias suposições sobre o que é preciso para ser levado a sério nos negócios, porque, quando seu mentor empresarial típico foi líder com seus 20, 30, 40, 50 e 60 anos, o terno era uma parte importante para ser levado a sério. Ainda o é em algumas áreas. Você pode querer examinar as próprias suposições sobre como um cliente deve se vestir ou precisa ser percebido como líder.

Uma conversa de mentoria sobre aparência e comportamento pode focar a marca pessoal e como seus clientes querem aparecer e ser percebidos pelos interessados com os quais interage.

É possível encontrar centenas de maneiras de descrever uma liderança efetiva. Na mentoria, você quer ajudar os clientes a aprenderem com sua experiência de liderar e encorajar um nível de foco nos aspectos de liderança: autoconhecimento, uso apropriado de recursos, habilidades de gestão de mudanças, autoapresentação, conhecimento do setor, desenvolvimento de redes de contato, entendimento de governança, responsabilidade social, visão geral da gestão de marketing, finanças e pessoal. A lista continua. Para ajudá-lo a focar, criamos a Tabela 12-1, que é nossa própria matriz de qualidades de liderança, aproveitando um conjunto de modelos de liderança e nossa própria experiência.

TABELA 12-1 **Matriz de Qualidades de Liderança: CEO e Líderes no Nível Executivo**

Desejos/Necessidades das Partes Interessadas	Liderando a Empresa	Autodomínio
O que as pessoas querem experimentar para sentir confiança na empresa	Visão clara e "domínio" estratégico da empresa através de estratégia e expectativa de alinhamento com metas e planos táticos operacionais	Autodesenvolvimento e foco de aprendizado contínuo
	Valores articulados e demonstrados	Habilidades de comunicação amplas e profundas
	Conhecimento do setor/área profissional	Impulsionado por valores
	Ética e governança claras, incluindo medidas sustentáveis	Eticamente responsável
		Mentalidade global
	Compreensão dos principais aspectos estratégicos de finanças, RH, vendas e vários produtos	Inteligência cultural
		Inteligências emocional e social
	Espera resultados e motiva entregas	Desejo de impacto, além do lucro
	Monitora de forma proativa as principais atividades	
	Toma ações decisivas mesmo se impopulares	
	Lidera a mudança proativamente	
	Rede de contatos estratégica no setor e com colegas	

(continua)

(continuação)

Desejos/Necessidades das Partes Interessadas	Liderando a Empresa	Autodomínio
O que as pessoas querem sentir e ver para sentir confiança no líder como pessoa	Confiança Honestidade Comprometimento Criatividade	Inspiração Intuição Confiança em si e nos outros

Adaptando seu estilo para criar seguidores

Não importa quão sênior os líderes são, prestar atenção em como você facilita que as pessoas o sigam é um exercício útil. Não será possível esperar que as pessoas o sigam se não considerar o que elas querem de você ao tomar essa decisão.

Você precisará da matriz, pelo menos três folhas de papel de rascunho ou uma cartolina, canetas coloridas ou uma única caneta, dependendo de estar construindo um mapa mental ou narrativa. Quando fizer o exercício, resista à tentação de ler antecipadamente. Dessa forma, terá uma experiência mais próxima daquela que seu cliente terá se usar esse exercício com ele.

Use a matriz mostrada na Tabela 12-1 em relação a si mesmo.

1. **Escolha quatro elementos: dois da seção "O que as pessoas querem experimentar para sentir confiança na empresa" (uma de "Liderando a Empresa" e outra de "Autodomínio") e dois da seção "O que as pessoas querem sentir e ver para sentir confiança no líder como pessoa".**

2. **Pegue uma folha de papel e desenhe um mapa mental ou escreva uma narrativa sobre "Quando eu (elemento de "Liderando a Empresa"), como implemento (elemento de "Autodomínio")?"**

3. **Pergunte a si mesmo o que os outros veriam ou experimentariam a partir de você que lhes daria confiança de que você tem essas qualidades? Escreva.**

4. **Pense em dois interessados específicos com os quais se identifica.**

   Mude de lugar e faça a orientação da primeira pessoa. Imagine que é outra pessoa, vendo você da perspectiva dela. Olhe para sua resposta a partir dessa perspectiva de fora.

5. **Escreva qualquer feedback que ela possa oferecer e notas adicionais que possa escrever.**

6. **Quando tiver terminado na posição do primeiro interessado, mude para um terceiro lugar e faça o mesmo da perspectiva do segundo.**

   Novamente, entre em sua orientação. Ponha-se no lugar dele, imaginando ser ele, vendo você da perspectiva dele.

7. **Agora, veja sua resposta da perspectiva dessa pessoa e, novamente, anote qualquer feedback.**

8. **Fique nesse lugar e imagine que foi pedido que essas duas partes interessadas sugerissem atividades específicas de expansão ou aprendizado para você que ajudariam a desenvolver mais flexibilidade na forma como lidera a organização e se destaca.**

9. **Volte ao lugar original (seu lugar) e analise o que tem.**

   O que você percebe? As atividades de expansão (pode haver apenas uma) parecem apropriadas? Consegue ter alguma ideia sobre como os outros devem ver você dessa vez?

10. **Combine uma atividade de expansão consigo mesmo e estipule um prazo para concluí-la.**

DICA

Quando fizer esse exercício com um cliente, a organização da sala será muito importante. Se puder, ponha três cadeiras em torno de uma mesa redonda e sente-se longe da mesa, sozinho. Se não tiver muito espaço, uma alternativa é pedir ao cliente para andar pelas três posições com marcadores no chão e fazer o diálogo do interessado um e do interessado dois em voz alta.

Você pode levar o exercício anterior um passo adiante. Se puder gravar a si mesmo interpretando o diálogo antes, faça isso e tenha a experiência que seu cliente terá.

1. **Escolha dois elementos de "Confiança no líder como pessoa".**

   Você terá apenas duas palavras.

2. **Fique de pé, com os pés ligeiramente separados, em uma posição relaxada, porém firme.**

   Realmente firme os pés no chão e relaxe os ombros e joelhos.

3. **Observe qualquer tensão, preste atenção e respire até sentir seu corpo firme e uma resistência entre o corpo e o chão sob seus pés.**

4. **Feche os olhos, ou olhe para um ponto à sua frente na parede, e mantenha seu olhar relaxado. Agora, permita que essas duas palavras apenas flutuem dentro de sua cabeça.**

5. **Faça a si mesmo as seguintes perguntas:**

   - Se eu demonstrasse isso mais vezes, o que as pessoas perceberiam?
   - Como eu me sentiria? Observe esses sentimentos.
   - Se estivesse capacitando outras pessoas em minha equipe para praticar mais esses dois elementos, o que perceberia nelas?
   - Como posso aumentar meus seguidores apenas prestando mais atenção?

6. **Abra os olhos, espere alguns segundos para se reorientar e escreva uma nota para si.**

7. **Desenvolva uma atividade ou duas de expansão nessa área.**

   Se puder, integre a expansão identificada no exercício anterior e faça isso.

DICA

Você não precisa usar nossa matriz. Se trabalha em uma organização que adota um conjunto de competências ou um modelo de liderança, poderá sobrepor esses dois exercícios com essas ferramentas de estrutura de trabalho.

Permitindo que Outros Liderem

Quanto mais sênior um líder se torna, mais precisa delegar e viabilizar os próprios relatórios para liderar a organização em seu nome. Quanto mais velha uma pessoa fica, mais seu papel se torna o de um administrador, alguém que mantém a organização como garantia para as gerações futuras e lidera estando a serviço de seu pessoal.

Permitir aos outros liderar exige disposição para desistir do poder. Os líderes precisam ser confiantes e emocionalmente inteligentes para fazer isso, ser capazes de confiar nos outros para entregar e fazer a coisa certa, confiar em si para não interferir nos detalhes ou continuar retomando o poder uma vez delegado. Ajudar os líderes a sair dos detalhes e abrir mão do poder é uma ótima área para mentoria.

DICA

Se estiver trabalhando nisso com um cliente, poderá usar o exercício adaptando-o a seu estilo e focando as três qualidades da matriz de liderança (Tabela 12-1) a seguir: espera resultados e motiva para a entrega; desejo de impacto além do lucro e confia em si e nos outros.

Permitindo liderança através de gerações

Os líderes estão sempre impactando potenciais líderes no modo como modelam a liderança. No entanto, destacam-se algumas maneiras ativas que os líderes podem usar para desenvolver os da geração posterior nas empresas. Elas oferecem oportunidades para os mentores darem suporte ao líder sênior, delegando e entendendo a geração seguinte, e também fazendo a mentoria do líder sobre como ser um mentor.

Diferenças geracionais são uma questão-chave para a mentoria. Essa diferença ocorre particularmente em empresas familiares, nas quais os líderes mais velhos tendem a achar os membros mais jovens muito inexperientes para liderar o que construíram. Passar o bastão da liderança em uma empresa familiar é mais complexo do que na maioria das organizações, pois isso muda as relações pessoais, podendo impactar a família. Não existe tal separação nas empresas familiares. Qualquer briga de sexta-feira pode chegar no almoço de domingo da família. A mentoria pode se estender a considerações particulares de questões identitárias que confundem família e empresa. Essa situação exige um grau excepcionalmente alto de confiança no mentor.

Seja a empresa familiar ou não, uma transferência de liderança normalmente ocorrerá quando existirem metas e táticas estratégicas estabelecidas. Se você nasceu antes de 1981, provavelmente valoriza esse tipo de transferência, pois consegue ver uma direção estratégica acordada para realizar algo e o entregar. Para um líder mais jovem, millennial, o mundo move-se rápido, e essa noção pode parecer menos atraente.

A mentoria também precisa ser vendida para gerações diferentes de formas específicas. As necessidades da Geração X são diferentes daquelas da Geração Y (millennials). A última tende a valorizar menos sabedoria e experiência do que a Geração X. Seu senso de receber uma direção para seguir é menos atraente. Em sua visão de mundo, a informação está prontamente disponível, então, o valor de ganhar entendimento de alguém mais experiente e sábio precisa de explicação. Eles gostam de imediatismo também.

Fazendo mentoria de líderes millennials

Uma consideração de como os líderes emergentes o percebem como coach ou mentor contribui para seu sucesso. Muitas vezes, se um líder millennial não conseguir ver o valor da experiência que você leva, o engajamento inicial será difícil. Em geral, sua preferência, baseada em seus gestores, tende mais para um estilo de mentoria; uma experiência de aprendizado individualizada com menos hierarquia. Como você pesa a mentoria é importante. Em particular, deve criar mais formas para um millennial ter acesso mais rápido e específico a você. Eles cresceram com as mídias sociais como uma ferramenta-chave de comunicação. Gostam de perguntas curtas e respostas específicas. Cresceram tendo acesso imediato a informações digitais e recebendo muito feedback contínuo, e mais elogios que seus próprios líderes.

Questões para a mentoria de novos líderes surgem para qualquer um; mas, para os millennials, em particular, provavelmente estão nestas áreas:

- "Como" entregar resultados
- Fazer a transição de uma função júnior para uma de liderança
- Gerenciar relações e ver o valor da contribuição e da qualidade, não da velocidade
- Desacelerar o pensamento e encontrar maneiras de engajar vários interessados
- Vender ideias e maneiras mais eficientes de atingir objetivos
- Alinhar os valores da organização com contribuição social e princípios éticos enquanto gera lucros

As ferramentas neste livro permitem que você dê suporte a millennials em empresas. O fator mais importante a lembrar é que as expectativas deles nos negócios e nas carreiras podem ser bem diferentes das suas. Na mentoria, em particular, sua sabedoria é o principal ativo para ajudá-los a se desenvolver e ter êxito. Ajudá-los a receber essa sabedoria e usá-la pode exigir muita flexibilidade comportamental de sua parte.

DICA

Se ainda não o fez, considere a mentoria por telefone ou e-mail. Embora seja comum o debate sobre se esse tipo de atividade realmente é mentoria ou apenas aconselhamento, métodos rápidos ganham cada vez mais espaço, particularmente para os líderes emergentes, abaixo dos 30 anos. Em termos de estrutura, seu modelo de mentoria pode precisar de ajustes para oferecer uma combinação de sessões curtas (5 a 15 minutos) e mais longas (45 a 90 minutos). Se fizer mentoria em diferentes fusos horários, seja muito claro sobre sua disponibilidade na contratação.

4

Criando uma Identidade Bem-sucedida

NESTA PARTE . . .

Crie uma marca movida pelo valor que inspira os clientes a querer trabalhar com você.

Desenvolva relações, colaborações e redes de contatos bem-sucedidas que construirão uma empresa de sucesso.

Descubra como engajar, inspirar e influenciar clientes, consumidores e colegas para se unirem a você em sua própria aventura empresarial grandiosa.

NESTE CAPÍTULO

- » **Definindo uma marca de valor**
- » **Fazendo coaching com autenticidade**
- » **Percebendo seu real valor**

Capítulo 13

Desenvolvendo Sua Marca

Neste capítulo, exploramos as características e mentalidades que permitiram a pessoas como Victoria Beckham e seu igualmente bem-sucedido marido, David Beckham, construírem marcas próprias que valem milhões.

Que Entre a Marca Pessoal

Uma *marca* é uma "promessa de resultado". É como uma promissória que restituirá o portador; só tem valor se a pessoa confia que ele será honrado.

As marcas corporativas geraram relevância e interesse consideráveis no século XXI. Quem imaginaria, 100 anos atrás, que uma das 20 maiores do mundo, em sétimo lugar, com um valor de marca estimado em um pouco menos de US$8 bilhões, seria uma varejista de roupas refinadas e artigos de couro? A Burberry vende artigos de luxo e, embora seja uma das marcas mais falsificadas do mundo, sua história de exclusividade e qualidade a mantém na lista das principais 20 marcas. No entanto, apesar de seu trabalho de confrontar a falsificação com mudanças legislativas ser bem-sucedido e contínuo, isso não adianta muito. O que realmente interessa é sua habilidade de vender seu trabalho artesanal e personalizar artigos como resultado. Em um mundo no qual a marca Burberry é comprometida, ela desenvolveu um nicho dentro de um nicho.

Os consultores da Burberry sem dúvida ganharam cabelos brancos pensando na falsificação e nos riscos associados à marca. Contudo, as estratégias-chave parecem focar o domínio da fatia mais alta do mercado de artigos de luxo e desenvolver um mercado online que ainda ofereça exclusividade, qualidade e serviços aos consumidores. É estranho e extraordinário que, em um mundo no qual a venda de falsificações de qualidade esteja em crescimento no mercado de massa, a Burberry venda uma bolsa de luxo por US$30 mil. É um exemplo claro de organização que mantém um panorama positivo de negócios em circunstâncias desafiadoras, tomando a decisão de manter os valores da marca para maximizar qualidade, trabalho artesanal e exclusividade.

Outro avanço empolgante do século XXI é a *marca pessoal*, o indivíduo que é capaz de explorar e exibir seus talentos e os conservar de várias formas. Victoria Beckham ascendeu à fama no grupo britânico Spice Girls, e foi apelidada de "Posh Spice". Quando anunciou que sua ambição era ser uma marca tão globalmente reconhecida quanto a Kellogg's, muitas pessoas torceram o nariz. Mas ela provou que eles estavam errados!

Na última década, Victoria se tornou estilista internacionalmente reconhecida, ícone da moda e mulher de negócios, nomeada principal empresária de 2014 pela revista de negócios britânica *Management Today*. A marca Victoria Beckham foi reconhecida como a marca de estilista do ano no Reino Unido em 2011. Ela foi construída com a ajuda do empresário da música Simon Fuller, famoso por descobrir as Spice Girls e criar a franquia de TV *American Idol*, que se tornou um dos programas mais bem-sucedidos da história da TV norte-americana. A *XIX Management*, de Fuller, detém um terço dos negócios de Victoria Beckham, que supostamente valem mais de US$450 milhões. Lançada em 2008, sua empresa agora inclui vestidos, bolsas de luxo, maquiagem e perfumes, com vendas anuais de quase US$75 milhões e uma loja exclusiva no elegante bairro de Mayfair, em Londres. Sua gama de produtos está disponível em varejistas de luxo ao redor do mundo.

LEMBRE-SE

A única diferença aparente entre marca corporativa e pessoal é que, em vez de fazer marketing de um produto ou serviço, uma pessoa é promovida. Os denominadores comuns que definem todas as marcas bem-sucedidas de destaque, corporativas ou pessoais, são qualidade, distinção, consistência e relevância.

Desenvolver sua marca pessoal assegura que, no cenário empresarial moderno, no qual poucos têm expectativa de manter o emprego e é mais importante ser empregável do que estar empregado, você ostente sua marca única de coaching e mentoria, à prova de falsificações, para uma prática de coaching próspera.

Definindo o que Funciona

Marca, *marketing* e *venda* não são sinônimos. Três distinções são notáveis:

- **Marca** é a promessa de entregar uma experiência.
- **Marketing** é a construção de uma relação com seu público-alvo, descobrindo suas necessidades e comunicando que você oferece uma solução para elas.
- **Venda** é ajudar potenciais consumidores a tomarem uma decisão.

Uma marca define:

- » Quem você é.
- » Por que faz o que faz.
- » O que você faz.
- » A quem serve.
- » O que oferece.
- » O que recebe.

Sua marca garante ao cliente uma experiência particular, que só tem valor se você a concretiza. Essa promessa tem muitas partes, incluindo seu nome, história, talentos, apresentação, logo, estilo de coaching e suporte pós-coaching. Além disso, quanto melhor você se conhecer, como opera e é percebido pelos clientes, melhor poderá definir sua marca e perceber seu real valor como coach.

LEMBRE-SE

Sua marca é sua reputação e promessa de resultado. Ela é valiosa, abre portas e as mantêm abertas quando é construída sobre bases sólidas de confiança.

Construindo uma Marca com Propósito

Considere sua marca pessoal como um projeto que nunca termina. Ela evolui com o tempo, adaptando-se à medida que você define mais claramente quem é, o que faz, a quem serve, o que oferece e o que recebe em troca. As corporações estão sempre se redefinindo conforme as condições de mercado e as necessidades do cliente mudam; mas, por trás de toda a redefinição, seus valores e propósitos centrais para estar no negócio permanecem constantes e lhe dão senso de direção.

DICA

Vale a pena gastar um dia de trabalho em qualquer coisa que será excepcional. Alguns coaches passam mais tempo criando seus cartões de visita do que analisando quem são, o que fazem e a quem servem. Invista tempo para construir seu negócio nas bases sólidas de um propósito e colherá os louros.

Definindo seu propósito

Use esta visualização guiada para fazer uma pergunta poderosa. Faça este exercício quando tiver de cinco a dez minutos de tempo sem interrupções. Você pode tocar uma música instrumental relaxante ao fundo; *The Lark Ascending*, de Vaughn William, ou *The Missions*, de Ennio Morricone, são excelentes escolhas.

Como em todos os exercícios de visualização, faça-os apenas quando estiver com a mente limpa e relaxada.

1. **Reserve um momento para se sentar confortavelmente e feche os olhos, permitindo que sua respiração relaxe. Imagine-se respirando através do seu coração, inspirando conforto e facilidade, e expirando qualquer estresse ou tensão.**

   Com cada expiração, permita que sua mandíbula relaxe e sua mente se acalme um pouco mais.

2. **Depois de alguns minutos, imagine uma linda luz branca brilhando sobre sua cabeça e dê à luz uma textura líquida delicada e suave.**

   Imagine a luz líquida flutuando por sua mente conforme você continua a respirar com conforto e facilidade. Permita que a luz líquida e branca flutue através de sua cabeça, pescoço e coluna, uma vértebra por vez. Conforme inspira, veja a luz preencher a parte do corpo na qual está focando; sinta a textura se movendo por seus ossos, músculos, pele e corrente sanguínea. Conforme expira, libere quaisquer tensões daquela parte do corpo. Imagine a luz flutuando através de seus braços até as pontas dos dedos. Reserve alguns minutos para imaginá-la flutuando por seu corpo, passando por sua cintura até as solas dos pés e pontas dos dedos de forma gradual, relaxando cada parte.

3. **Quando estiver bem relaxado, do topo da cabeça até as pontas dos pés, imagine o futuro se estendendo à frente como um caminho cortando um grande campo aberto.**

Imagine-se flutuando sobre o caminho, olhando em frente para o futuro. Então, viaje sobre ele. Não é necessário prestar atenção aos detalhes; apenas imagine-o cheio de diversão, sucesso, boa saúde, felicidade e todas as qualidades que, para você, definem uma vida completa e bem-sucedida.

4. **Depois de alguns minutos de viagem pelo futuro, imagine o caminho acabando. Não determine um tempo para isso, apenas tenha a sensação de que é um longo caminho para o futuro.**

Esse passo representa o fim de sua vida.

5. **Imagine que, abaixo de você, existe um grupo de pessoas de pé em torno de uma lápide. São todos os seus amigos e família, colegas de trabalho e clientes presentes em seu funeral.**

Mais à frente, você pode ver o final do campo, e, além dele, há um horizonte cheio de estrelas. Permita-se flutuar para o céu iluminado de estrelas. Reserve um momento para aproveitar o voo entre as estrelas e experimentar uma sensação de paz, alegria e tranquilidade.

6. **Então, nesse espaço, faça a pergunta: "Qual é o meu propósito?"**

Apenas faça essa pergunta e permita o que quer que venha à mente se apresentar sem questionar ou analisar. (Algumas pessoas ganham percepção; elas podem ouvir uma resposta ou ver uma imagem ou série de imagens definindo seu propósito; algumas recebem uma resposta imediatamente, outras podem demorar dias, semanas ou até meses, na forma de um pensamento inspirado.)

7. **Flutue de volta para o campo e o funeral, levando de volta com você a sensação de paz, alegria e tranquilidade, e quaisquer percepções que tiver a partir da pergunta "Qual é o meu propósito?"**

   Ouça o grupo de pessoas falando sobre você; alguém está fazendo um elogio e falando sobre seu trabalho. Talvez você o conheça, talvez seja um estranho, alguém que ainda não conheceu. Ouça o que ele tem a dizer sobre a diferença que você fez em sua vida.

8. **Depois de ouvir o elogio, flutue de volta acima do tempo, retornando mais uma vez completamente para o presente, e desça até onde está sentado. Lentamente, traga sua atenção de volta ao aqui e agora.**

9. **Reserve alguns minutos para refletir sobre a resposta para a pergunta e as palavras gentis que foram ditas sobre você.**

10. **Escreva-as. Essa resposta é o seu propósito, o motivo de você fazer o que faz.**

Olhando no Espelho da Autocrítica

Nos últimos 33 anos, olhei no espelho todas as manhãs e me perguntei: "Se hoje fosse o último dia da minha vida, eu gostaria de fazer o que vou fazer hoje?" E quando a resposta era "Não" por muitos dias seguidos, eu sabia que precisava mudar alguma coisa. Quase tudo — todas as expectativas externas, todo o orgulho, todo o medo do constrangimento ou fracasso — desaparece diante da morte, deixando apenas o que é realmente importante. Lembrar que você vai morrer é a melhor maneira de evitar a armadilha de pensar que você tem algo a perder.

— STEVE JOBS

Aqui estão duas conclusões comuns às quais os clientes chegam quando fazem os exercícios da seção anterior:

- » Já estamos cientes do propósito, visão e missão, e nossas ações estão alinhadas com eles. (Raramente é o caso.)
- » O que fazemos não está alinhado com nosso propósito, visão e missão; então, temos que mudar o que fazemos. (Isso traz à tona a oportunidade de fazer um coaching valioso.)

As próximas duas seções contêm exercícios para praticar primeiro consigo mesmo e depois com os clientes. Podem ajudar você a definir e mudar "O que você faz" para ser a marca. Comece fazendo a pergunta: "Qual característica (ou características) eu precisaria cultivar para me conduzir (ou a corporação) se estivesse completamente alinhado com propósito, valores e missões?" O que você está buscando é o que falta, o que não existe, o que pode ser feito melhor. Ambas as técnicas foram criadas para dar mensagens claras para o seu inconsciente de que "este é o jeito como eu sou e este é o jeito como eu quero ser". São hipnóticas por natureza.

LEMBRE-SE

Quando fizer exercícios e comparações com os outros, não o faça para se criticar e sentir mal; isso se chama alimentar a autopiedade. Pelo contrário, o propósito é refletir honestamente sobre o que pode ser melhor e definir uma intenção de mudança. A única pessoa para se medir é você mesmo e como você evoluiu.

Cultivando as qualidades de excelência da marca

Os exercícios a seguir usam uma técnica conhecida como "esmagamento visual". Permita que o processo aconteça naturalmente.

1. **Tendo avaliado as qualidades que precisam ser desenvolvidas, sente-se confortavelmente e segure as duas mãos à sua**

frente com as palmas para cima, verificando se os cotovelos não estão descansando nos apoios.

2. **Na palma esquerda, imagine como você se apresenta agora, fazendo o que faz atualmente.**

3. **Reserve um momento para refletir sobre o que está funcionando e volte sua atenção para o que falta.**

4. **Olhe diretamente para a palma da mão direita e imagine-se tendo desenvolvido as qualidades que faltavam (use "tendo desenvolvido" como antes); veja-se fazendo o que precisa ser feito, com todas as suas ações e comportamentos sendo coerentes com seu propósito, missão e valores.**

   Apresente-se agindo e comportando-se com coerência em relação à maneira como aspira a ser.

5. **Com ambas as mãos para cima, olhe através do espaço entre elas. Conforme faz isso, permita que elas se aproximem naturalmente.**

   Essa ação acontece por conta própria e os movimentos podem parecer bruscos. Para algumas pessoas, as mãos se aproximam bem rápido; para outras, pode levar um minuto ou dois. Continue olhando através do espaço entre as mãos, para longe, e imagine as duas imagens se misturando, com aquela na mão esquerda sendo absorvida pela da mão direita.

6. **Conforme as mãos começam a se aproximar, junte-as e foque o resultado desejado, a imagem que estava na mão direita, leve as mãos em direção ao coração e imagine-se empurrando a imagem para dentro de você. Depois, feche os olhos.**

7. **Fique sentado por um minuto e imagine ter absorvido as qualidades que faltam (ou as que precisam de desenvolvimento) e imagine-se tendo essas qualidades de excelência da marca como hábitos e comportamentos naturais.**

DICA

A primeira vez que fizer o exercício, poderá parecer estranho. Ele até choca algumas pessoas que experimentam a técnica. Quando experimentar a técnica com clientes, tranquilize--os dizendo: "Tudo bem... permita que esse processo ocorra naturalmente."

Tornando-se um novo você

Este exercício funciona melhor quando feito imediatamente depois do exercício da seção anterior porque a intenção de se comportar de uma maneira particular já foi estabelecida. No entanto, você também pode fazê-lo depois.

1. **Levante-se e, em sua imaginação, veja-se de pé à sua frente, com as costas viradas para você. Repasse mentalmente todos os comportamentos, qualidades e talentos que definem você e sua marca no presente.**

2. **Imagine a representação à sua frente tendo praticado todas as qualidades que você deseja cultivar e melhorar até que sejam hábitos naturais.**

   Se, por exemplo, essas qualidades forem entusiasmo, profissionalismo, atitude calma sob pressão e perseverança persistente, adicione cada qualidade, uma de cada vez, à imagem. Veja-se como quer ser. Construa a representação da "melhor versão de você". Faça isso dando a cada qualidade uma cor e veja a cor se derramando na imagem.

DICA

Conforme adicionam cada cor, algumas pessoas veem uma cor substituindo a anterior; outras as veem se combinando ou misturando. Seja qual for a forma como representa as cores, é o certo para você.

3. **Quando a representação ficar o melhor que puder, feche os olhos e dê um passo à frente até a imagem.**

Entre na melhor versão de você. Fique de pé como ficaria; respire como respiraria. Adote a postura correspondente. Reserve um momento para se imaginar no lugar desse você.

4. **Abra os olhos e imagine-se vendo através dos olhos da melhor versão de você, neste momento.**

Dizemos "neste momento" porque sempre há espaço para melhoria. Perceba no que acredita, no que não acredita mais, o que é importante para você, o que não é mais importante. Veja o mundo da maneira como o veria através dos olhos dessa versão de você.

Usar essa técnica é definir uma intenção para você nos níveis consciente e inconsciente. Você se condiciona a se apresentar com todas essas qualidades melhoradas. Adquira a boa prática de repetir esse exercício algumas vezes, especialmente quando quiser demonstrar as qualidades que deseja cultivar.

Apresentando-se com Estilo e Conteúdo

O propósito de desenvolver sua marca pessoal ou a de seus clientes é que você seja notado e entre na lista restrita. Assim, quando os clientes tomarem uma decisão, escolherão você. É importante ser notado pelas razões certas, pois toda comunicação que você faz é processada; é possível passar facilmente a impressão errada e achar difícil mudar isso. Trabalhar a imagem que você passa é um processo complexo, mas sua marca se destaca na multidão pelas razões certas se você se compromete a sempre fazer seu melhor, subir seus padrões e ser autêntico.

DICA

Lembra-se da frase "finja até conseguir"? Considere o que ela realmente significa. Trata de fingir ser o que ou quem você não é. Ninguém gosta de fingimento, então, em vez de fingir, use o exercício "entrando em um novo você" como lembrete para praticar como gostaria de ser até que a prática se torne um hábito.

Valorizando o que Tem para Oferecer

A rede de lojas de departamento John Lewis tem o lema: "Nunca vender com preços reduzidos deliberadamente." Seu site (`www.johnlewispartnership.co.uk` — conteúdo em inglês) explica o porquê:

- **Qualidade:** "Temos os padrões mais altos quando se trata de qualidade de produto, além de compararmos regularmente os produtos da John Lewis com os da concorrência para assegurar que não lideramos o mercado apenas em qualidade, mas também em preço."
- **Preço:** "Definimos preços altamente competitivos para todos os nossos produtos, com uma equipe dedicada a verificá-los em relação a outros grandes concorrentes."
- **Serviço:** "A equipe da John Lewis é parceira na empresa e é altamente treinada para oferecer opiniões imparciais e úteis sobre todos os produtos. Nosso serviço não acaba com sua compra, oferecemos um excelente pós-venda e uma ótima escolha de serviços especializados para ajudá-lo, da entrega à instalação."

Eles oferecem um serviço valioso e o entregam segundo padrões de excelência, valorizam o que fazem e cobram devidamente por isso. Quando você opera sua empresa de coaching com padrões similares de excelência, pode, de modo coerente e correto, cobrar por isso, como a John Lewis faz.

Muitos coaches, especialmente os novos na profissão, têm problemas para valorizar o que fazem e cobrar por isso, muitas vezes cobrando menos ou dando descontos para conseguir trabalho. A força de sua marca e como ela é percebida afetam seu preço. Além disso, o preço que você cobra pode afetar sua marca de maneira negativa. Um preço baixo sugere que sua demanda é baixa e, assim, não é bom no que faz.

DICA

Valorize sua marca e cobre com base na diferença que você faz, não no tempo que gasta, e ganhará bem.

Percebendo seu valor

O valor percebido de sua marca é igual à soma da diferença que você faz para os clientes com a originalidade de seus produtos e serviços. Essa abordagem da apreciação e do reconhecimento do seu valor é mostrada na Figura 13-1.

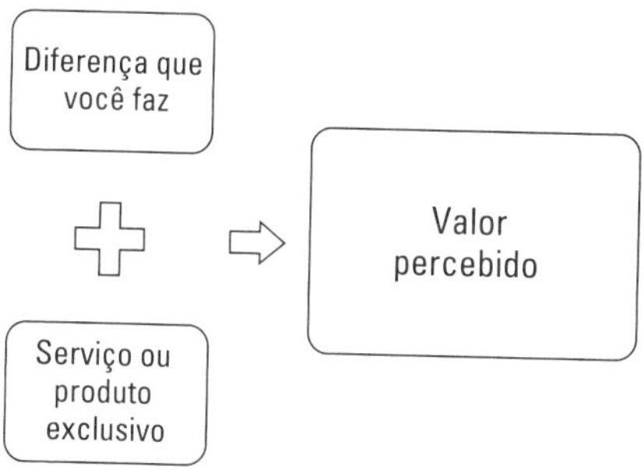

FIGURA 13-1: Valorizando a diferença que você faz.

© John Wiley & Sons, Inc.

Há três princípios a considerar quando decidir seu valor:

- » O valor é determinado pela diferença que você faz para o consumidor e a exclusividade do que tem a oferecer, em comparação com a concorrência. Quanto mais diferença fizer e quanto mais exclusivo for, mais valioso será.
- » As pessoas compram soluções para suas necessidades. Quanto mais desesperadas as necessidades, mais valor suas soluções terão. Torne seu negócio focado em solução.
- » As pessoas valorizam especialistas e autoridades. Posicione você e sua marca como especialista no assunto e agregará valor.

Seguindo um modelo de seis passos

Aqui está um modelo de seis passos para uma prática de coaching de seis dígitos:

1. **Identifique as necessidades desesperadas dos seus clientes em potencial.**

   Pesquise o mercado, ouça fóruns e bate-papos para identificar problemas e pergunte a empresários quais são seus maiores problemas.

2. **Identifique suas necessidades.**

   Defina seu propósito, valores e missão para ficar claro qual tipo de trabalho é mais adequado para você.

3. **Crie uma solução de coaching para as necessidades desesperadas de seus clientes que satisfaça tanto suas necessidades quanto as deles.**

   Essa abordagem garante uma situação vantajosa para você e o cliente. Pense em quem é o cliente, quais problemas ele tem e como ajudá-lo.

4. **Posicione-se como um especialista de nicho oferecendo a solução.**

   Use mídias sociais, artigos e livros para se posicionar como autoridade no setor.

5. **Comercialize e venda seus serviços.**

   Encontre a maneira mais eficiente de informar às pessoas sobre o que você faz e descubra como fazê-las dizer sim quando você fizer o pedido.

6. **Cobre adequadamente por seus serviços.**

   Se cobrar pouco, será vantajoso para o cliente, mas não para você. Não é uma boa receita para uma empresa sustentável.

Esse modelo de seis passos não é apenas para o coaching, mas para qualquer negócio. É possível ter dois ou três nichos para se especializar, ou mais se você ou seus clientes cuidarem de uma empresa. Porém, se for autônomo e estiver em muitos nichos, muitas vezes você será percebido como alguém que "faz de tudo e não domina nada", o que dilui o valor de sua marca.

Deixando um Legado

Especialistas estimam que uma pessoa comum passa 90 mil horas de sua vida no trabalho; é uma média de 11.250 dias úteis ou 2.250 semanas úteis. E o que isso mostra? Talvez ela tenha pagado o financiamento, colocado as crianças na escola, tirado férias e feito todas as outras coisas que dão a soma total da vida humana comum. Em termos de deixar um legado e causar um impacto no mundo, decidir como gastar seu valioso tempo é importante.

Em um seminário de coaching, o treinador perguntou ao grupo: "Quantas pessoas tiveram uma experiência de quase morte, e como essa experiência afetou como você lidou com o resto de sua vida?" O propósito da pergunta era fazer as pessoas "acordarem" e aproveitarem a vida. Talvez houvesse uma pergunta diferente a fazer: "Quantas pessoas tiveram uma experiência de quase morte? É quando você chega ao último dia no planeta Terra, olha para trás e pensa: 'Droga, queria ter feito as coisas de modo diferente.'"

Bronnie Ware é enfermeira e escritora, e passou muitos anos trabalhando nos cuidados paliativos de pessoas nas últimas 12 semanas de vida. Em seu livro, *Antes de Partir*, ela lista os arrependimentos comuns que as pessoas têm quando pensam em como passaram suas valiosas vidas. Na ordem do maior arrependimento, primeiro:

1. **Queria ter tido coragem de viver uma vida autêntica, não a que os outros esperavam de mim.**
2. **Queria não ter trabalhado tanto.**

3. **Queria ter tido coragem de expressar meus sentimentos.**
4. **Queria ter mantido contato com meus amigos.**
5. **Queria ter me permitido ser mais feliz.**

Quando definir sua marca pessoal baseada em um propósito, alinhada com seus valores, e escolher trabalhar com o que o inspira, passará esses preciosos momentos sendo verdadeiro consigo mesmo. Você estará no caminho certo para se tornar uma das poucas pessoas que podem riscar o primeiro arrependimento mais comum.

Como coach, você faz diferença no universo e impacta as vidas das pessoas de maneiras poderosas, com as consequências muitas vezes aparecendo na hora e de maneiras que nunca poderiam ser previstas ou compartilhadas. Sua marca, levada pelo propósito, deixa para trás um legado de indivíduos empoderados, equipes e organizações que, à própria maneira, fazem uma diferença positiva.

LEMBRE-SE

Você não está no negócio de resgate de pessoas. Coaching significa fazer uma diferença positiva. Tenha essa ideia em mente e lembre-se do valor que você agrega pelo que faz.

NESTE CAPÍTULO

» **Desenvolvendo uma relação saudável consigo, para ter mais flexibilidade pessoal**

» **Estabelecendo relações com pessoas relacionadas à empresa**

Capítulo **14**

Criando Laços

O coaching empresarial precisa ser orientado para empresa e líder. É impossível fazer um sem o outro. Este capítulo examina como os líderes empresariais escolhem se relacionar com eles mesmos e com os outros. Os coaches e os mentores têm o papel de apoiar os líderes para considerarem como se apresentam, como se relacionam e o que isso significa para sua reputação, sua empresa e para eles mesmos, a nível pessoal.

Relacionando-se Bem Consigo Mesmo

Liderança relacional é um estilo no qual os líderes encorajam relações positivas e um contexto de trabalho entre as pessoas que gerenciam. Muitas vezes, isso é sinônimo de flexibilidade comportamental e inteligência emocional. Os líderes empresariais precisam de ambos, e os coaches agregam valor ao ajudá-los a explorar a interpretação que fazem de si e dos outros em sua gestão diária.

A *inteligência emocional* (IE) se relaciona à interpessoal e à intrapessoal. A habilidade de conhecer, aceitar e gerir a si (autoconhecimento, autorregulação, empatia, motivação, habilidades sociais), e de trabalhar com os outros de maneira eficaz. Autoconsciência significa entender seus pontos fortes e o impacto nos outros, seus pontos fracos, o que você valoriza e o que o guia.

Através do coaching, você conscientiza os clientes de seus pontos fortes e aqueles a desenvolver. É útil que o coach e o líder comecem de comum acordo. Você estabelece essa base de várias maneiras. Pode comprar um produto IE pronto e entregá-lo para uma amostragem da equipe de seu cliente, então dar um feedback, ou pode ajudá-lo a explorar a própria consciência com uma combinação de levantamento de dados pessoais, conhecendo o cliente, suas motivações, fracassos e "desejos" de desenvolvimento declarados.

Estabelecendo a Base

Há várias maneiras de ajudar o cliente a se ver e ter consciência do impacto de sua experiência, e entender como isso se manifesta em comportamentos e hábitos. Veja a seguir um processo de apenas três etapas, para uma sessão de duas a três horas.

Passo 1: Formando o mapa pessoal

Peça ao cliente para levar todos os dados objetivos e subjetivos que tiver sobre si para a seção. Esses dados incluem psicometria — MBTI (Indicador de Tipo de Myers-Briggs), DISC (Dominância [D], Influência [I], Estabilidade [S] e Complacência [C]), OPQ (Questionários de Personalidade Ocupacional) e similares, testes de raciocínio, dados de avaliação de talento —, avaliações pessoais, documentos de avaliação de carreira, CV e registros de treinamentos anteriores.

Onde quer que seu cliente se sente, observe para onde ele olha. Use uma mesa à esquerda dele se puder ou o lado esquerdo de uma mesa grande. Peça-lhe para usar os dados para escrever de 20 a 30 notas que resumam as informações sobre ele indicadas naqueles dados. Peça-lhe para posicioná-las na mesa e organizar como quiser. Use perguntas rápidas para ajudar, mas deixe-o descrever seus dados com as próprias palavras.

Passo 2: Identificando altos e baixos

Fique de pé onde houver espaço suficiente para que ambos andem e crie uma linha temporal colocando pedaços de papel igualmente separados no chão, da esquerda para a direita, que representem cada década, do 0 até a atual, do cliente (0, 10, 20, 30, 40 etc.). Faça o cliente ficar de pé no 10, olhar para o 0 e considerar seus primeiros 10 anos de vida. Peça-lhe para explicar apenas as principais experiências, conforme se lembrar, ou seja, os pontos altos e baixos.

DICA

Deixe-o decidir o que incluir. Algumas pessoas vão querer destacar eventos significantes de cada década; outras, apenas aqueles da idade produtiva. Trabalhe com o que o cliente lhe der. Não há necessidade de esmiuçar sua infância. Isso não é terapia, você simplesmente o está encorajando a refletir e identificar os indicadores que formaram sua experiência até agora. Você pode anotá-los na medida em que avança.

Quando o cliente chegar ao 10 e tiver terminado, peça-lhe para andar até o 20, olhar para o 10 e considerar a década de 10 até 20. Faça esse processo para cada década, percebendo os pontos altos e baixos conforme prossegue. Se o cliente não estiver atualmente em uma idade que acabe em 0, termine pedindo para ele considerar o período de seu último marcador de década até agora. Quando tiver gerado a linha temporal, peça que olhe para trás ao longo dela enquanto você lê as notas em um ritmo de narrativa, para que ele ouça sua história recontada. Ele pode querer incluir outras coisas.

Peça a seu cliente para combinar os dois conjuntos de informações (notas e linha temporal) e pergunte o que ele percebe sobre seus pontos fortes e altos. O que os tornou pontos altos e o que o cliente percebe sobre as próprias habilidades? Ajude o cliente, de verdade, a ver e sentir seus pontos fortes e sabedoria.

Oriente-o em um ritmo lento, para que sinta o volume e o peso de seu sucesso. Guie e encoraje-o a internalizar tudo dizendo coisas como: "Perceba como você era bom em *x* desde muito cedo. Você deve ser competente nisso, de forma inconsciente, há muito tempo. Algumas pessoas passam anos tentando adquirir essa habilidade. Consegue ver como isso é valioso em você e para outras pessoas?" Sua função nessa parte é fazê-lo realmente perceber o valor que tem. Muitas vezes, é possível ver o cliente ajustar sua postura quando você faz isso. Perceba e guarde isso para si mesmo; não precisa comentar.

Pergunte como percebe os pontos fracos quando o feedback indica que ele não estava operando em sua melhor forma. Ajude o cliente a realmente ver seu eu integral e entender os aprendizados que precisa fazer. Se ele tiver problemas para ver sua contribuição nos pontos fracos, pergunte-lhe coisas como: "Então, quando considera esse ponto fraco, o que consegue tirar disso que o pode ajudar agora e no futuro?", "O que há para você aprender quanto a esse ponto?" e "O que os outros diriam se você lhes perguntasse?"

Agora, seu cliente está realmente se conscientizando sobre os padrões em seus comportamentos passados e possivelmente considerando novas perspectivas sobre como os outros os vivenciam. Você quer mantê-lo ali um pouco mais. Apenas dê-lhe bastante espaço para perceber seu eu por completo.

Passo 3: Descobrindo o progresso desejado

O próximo passo é ajudar seu cliente a determinar o que mais ele tem que fazer, experimentar ou mudar. Como ele precisa direcionar seus pontos altos para flexibilizar seu comportamento? O que ele gostaria de criar com suas relações? Em que ele precisar trabalhar e com quem? Encoraje-o a começar a criar resultados específicos e a articular como perceber que a melhoria que deseja está no caminho certo ou já aconteceu.

Peça-lhe para criar um mapa visual que mostre o que ele quer melhorar e o que pode criar mais sucesso. Ajude-o a recapitular o que aprendeu sobre si mesmo; onde as coisas funcionaram e onde não funcionaram. Sugira que ele considere como pode usar as percepções observadas. Encoraje-o a compartilhar sua autodescoberta com outras pessoas além do coaching para buscar apoio ao gerenciar suas próprias áreas de desenvolvimento conforme experimenta novas formas de entrega e faz pequenos ou grandes ajustes.

DICA

Esse assunto também está relacionado a você. Não é apenas informação. O autoconhecimento é um alicerce para ajudá-lo a desenvolver flexibilidade e permitir que outras pessoas tenham sucesso. Você precisa ser capaz de captar quando tem padrões de comportamento que não lhe favorecem ou perceber o que funciona para que continue fazendo. Faça o trabalho se quiser resultados.

Trabalhando em Si Mesmo

O autoconhecimento e o autodesenvolvimento são contínuos para líderes e coaches, em particular para líderes sênior. As habilidades técnicas e profissionais são obviamente importantes, mas se forem seu foco como líder sênior, pense de novo. Pesquisas mostram que, conforme os líderes sobem na hierarquia empresarial, a importância das habilidades técnicas diminui e a necessidade de gerenciar relações consigo e com os outros aumenta. O foco em autoconsciência e relações cria oportunidades de negócios e carreira. O mesmo ocorre com os coaches. Os clientes querem saber se um coach tem habilidades técnicas de coaching e um conjunto de táticas amplo. No coaching empresarial, esse fator geralmente não é o diferencial. A relação que um coach cria com um dono de empresa/líder muitas vezes é mais importante. O foco dos coaches são as conversas impactantes. A maneira como você se relaciona e como seu futuro cliente vivencia essa relação é muitíssimo importante.

DICA

Se você já pensou que os clientes podem "esgotar" as questões sobre as quais os orientar ou que não há clientes suficientes por aí com questões que exijam suporte de coaching, pode não estar trabalhando bastante consigo mesmo. (Ai! Doeu um pouco, não?) Coaches que têm dificuldade para encontrar clientes muitas vezes precisam superar as próprias crenças em seus 40 dias e 40 noites no deserto de coaching do cliente.

Sendo autêntico

Se for coach, espere que qualquer líder empresarial que você oriente pergunte sobre qual trabalho fez consigo mesmo e o que abrange seu desenvolvimento contínuo. Eles lhe estão confiando sua história, medos, esperanças e desejos. Para eles, é uma questão pessoal, e é preciso criar e manter essa relação compartilhando algo sobre você.

Parece razoável para um cliente esperar que um coach tenha um coach, seja trabalhando com um supervisor de coaching, coach ou mentor. Essa pessoa o mantém nos trilhos, ajuda com seu trabalho pessoal e o faz expandir e desenvolver sua prática e trabalhar a autoconsciência. Temos mentores e coaches experientes a quem recorremos para auxiliar nossa autorreflexão e desenvolvimento contínuos. Temos falhas, deficiências e frustrações, como a maioria da população adulta. Nossos clientes trazem elementos para o coaching que apertam nosso colarinho, tocam nossas emoções e nos fazem questionar nossos pensamentos.

Observar a si mesmo e aumentar sua autoconsciência é o segredo do coach. Como seus clientes, você precisa da opinião de outra pessoa para discutir sobre sua prática e seu negócio, alguém que segure o espelho e diga: "Olha só, não está bonito" ou "Você é fabuloso, apenas não consegue ver isso no momento". Pergunte a si mesmo: "Se vou ser o melhor em liderar minha empresa ou na prática de coaching que puder, o que preciso ter para assegurar que eu permaneça no topo?" Você precisa de um coach, mentor ou ambos para se manter autêntico?

DICA

Pratique o que prega e seja o que ensina. Se você for coach praticante, arrume um coach que o leve além de onde acha que pode chegar, não importa o quão experiente seja. Faça o trabalho e, algum tempo depois, esteja preparado para recomeçar tudo.

Cultivando Relações com Clientes

Após estabelecer uma relação entre coach e cliente, ela precisa de sua atenção contínua. Alimentar relações exige planejamento, comprometimento e contato. Parece fácil, não é? Na verdade, relacionamentos são uma área na qual coaches e líderes tendem a fracassar. As pessoas ficam tão engajadas no coaching que esquecem que estão em uma relação empresarial, ou o líder se esquece de rever a relação e o que quer dela. Esse deslize leva ao desencantamento e, antes que você perceba, o cliente começará a cancelar reuniões, pois não vê valor nas sessões. Esse problema se reflete em todos os aspectos da empresa, não apenas no coaching. Verificar se está entregando o que os clientes querem no padrão que esperam é importante e faz a diferença entre perder ou manter uma peça-chave do negócio.

Muitos bons negócios são criados por meio de relações mais gerais. Essas empresas colaboram com outras em produtos e marketing conjunto, ou mesmo criam uma fusão ou empresa nova. Essa escolha engloba fazer parceria em um novo mercado com um nome diferente ou novos produtos, ou simplesmente buscar novos clientes e canais de distribuição em função de uma conversa que você teve em um evento de networking. Aprender a se relacionar com outras pessoas e gerir ativamente as relações impacta nos negócios. Essa habilidade não é opcional.

DICA

Criar uma empresa sustentável exige certo nível de foco em estimular, não apenas em entregar o produto. Tire uma parte do dia para trabalhar ativamente na empresa. Ligue para um cliente com quem não fala há algum tempo e o encontre para pôr a conversa em dia e explorar oportunidades. Sugira aos clientes existentes que vocês passem um tempo revendo como as coisas estão indo e o que eles pensam de sua oferta. Se interesse em descobrir o que está funcionando ou não para o cliente e se você está atingindo suas expectativas. Lembre-se de verificar se o cliente está realmente recebendo o que deseja.

Verificando comprometimento e desejo

A programação neurolinguística (PNL) inclui uma técnica que se relaciona com a especificidade do desejo e a verificação do compromisso em relação a ele, criando resultados bem formados. Essa consideração é útil quando se trabalha com qualquer consumidor/cliente. A maioria das organizações define seus resultados usando metas inteligentes, ou seja, verificando se um resultado é específico, mensurável, possível, relevante e tem prazo determinado definitivo. A teoria prega que, se o resultado não atender a essas características, será muito vago e não necessariamente satisfatório.

Se você trabalha com organizações há muitos anos, já viu muitos resultados, metas ou objetivos bem elaborados. Chame-os como quiser, mas são gradações da intenção de se entregar algo para alguém com um conjunto de recursos dentro de uma determinada janela de tempo. Intenções que foram firmadas por equipes de liderança, retrabalhadas, redefinidas e planejadas meticulosamente, que passaram por processos de aprovação e voltam à origem de alguma forma em um plano de desempenho em algum lugar. Às vezes, elas não se realizam por causa de circunstâncias econômicas, movimentações no pessoal, mudanças em mercados, uma curva inesperada ou falta de conhecimento específico. Na maioria das vezes, a entrega não é realizada por causa de fatores humanos: falta de comprometimento e desejo de atingir o resultado articulado. Essa área é ótima para o coaching.

Uma das coisas que você deve fazer com suas metas inteligentes e bem elaboradas é verificar os níveis de comprometimento e desejo que os responsáveis têm em relação a atingi-las. Ajude-os a ser o mais específicos possível. Ser específico cria compromisso e evita que uma meta seja meramente cobiçada. Em termos empresariais, é a diferença entre planejar o que fazer e realmente entregar e mensurar o que você disse que faria.

Construindo uma Colaboração Sinérgica

Desenvolver relações de colaboração dentro e fora de uma empresa alavanca ideias, investimento, inovação e afins. Muitas empresas de alto crescimento foram criadas por meio do trabalho colaborativo e desenvolvimento de redes de contatos em setores específicos.

Crescendo em sabedoria e criando valor

Você pode encontrar mentores empresariais ocultos dando suporte ao crescimento empresarial em muitos lugares. Na região tecnológica de Cambridge, por exemplo, eles podem não se denominar mentores, mas sua sabedoria específica e experiência em investimento, transferência de tecnologia, desenvolvimento e crescimento empresarial, desenvolvimento organizacional e entrada em novos mercados têm sido útil para o crescimento da região. Essa melhoria positiva demonstra o poder e a criação de valor nas relações empresariais efetivas. Isso foi alcançado com meios formais, como investidores-anjo em diretorias e através de redes de contatos sociais informais. A proximidade com a universidade obviamente ajuda, com o acesso rápido a novas pesquisas, biotecnologia inovadora, engenharia e microtecnologia. E, mais, o mapa de relações das redes de contatos desenvolvido em alta tecnologia ao longo de 40 anos é impressionante. A Figura 14-1 mostra a criação de empresas geradas com a rede de contatos dos donos de empresas e dos investidores afins.

Se fosse criar o próprio mapa de conglomerados para sua rede de contatos social e empresarial, como poderia criar ou expandir o próprio miniconglomerado no setor? O que seria necessário para você desenvolver confiança suficiente em si mesmo e nos outros para colaborar mais e cocriar, em vez de competir? Agora, uma ideia: criar capital social e fluxo de caixa por colaboração. Obviamente, você gostaria de medidas, como acordos de confidencialidade, adotadas no momento apropriado para mitigar o risco, mas isso é um parêntese se a ideia de criar sinergia entusiasma você.

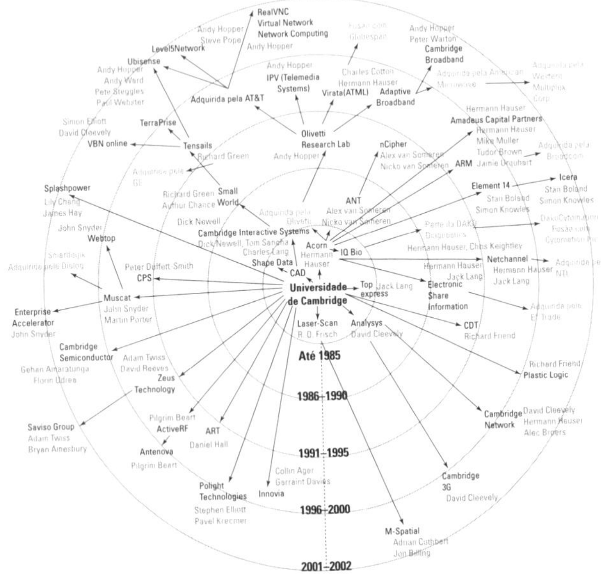

FIGURA 14-1: Um mapa da rede de contatos de startups de alta tecnologia associadas à Universidade de Cambridge.

© John Wiley & Sons, Inc.

DICA Os empreendedores em série tendem a ser altamente bem relacionados e estão na diretoria de mais de uma companhia. Há várias formas de aprender a ser um diretor de conselho. Se quer criar vários negócios durante sua carreira de liderança, tem um plano para isso? Está sendo orientado em direção a essa meta?

Construindo Confiança e Reconstruindo a Confiança Perdida

Relações são formadas e rompidas com base na confiança, e nós precisamos ter confiança constante nos outros em nossas empresas:

interessados externos (banqueiros, contadores, advogados, seguradoras, empreiteiros, investidores, fornecedores) e interessados internos (equipe, associados, assistentes virtuais, membros de diretoria). Você sabe que tem relações de confiança saudáveis quando as pessoas cumprem o que prometeram, quando você compartilha um segredo e ele continua secreto, quando sente que seguem na mesma direção e promovem resultados que parecem vantajosos sob todas as perspectivas.

A verdade é que as coisas dão errado. Às vezes, as pessoas nos decepcionam, e nós as decepcionamos, também.

Desenvolvendo confiança a nível organizacional

As pessoas querem confiar nas organizações em que trabalham e com as quais se relacionam. Todos temos contratos tácitos com organizações, um conjunto subentendido de promessas que esperamos que governem nossas negociações. O contrato mais importante para a equipe não é o de trabalho, que define acordos para pagamento, quando, onde e como. Seu contrato implícito é mais importante, ou seja, as expectativas que as pessoas têm. Elas são evidentes na maioria das negociações empresariais. Em geral, buscamos justiça em como nos relacionamos, em termos de processo e de resultados. Esse objetivo é verdadeiro para qualquer plano empresarial, incluindo os de coaching.

Queremos sentir as organizações como ambientes nos quais os processos são justos e igualitários. Queremos ver que as práticas de RH são aplicadas com coerência e, se não, que os motivos sejam justificados; que se algo der errado com um contrato, o fornecedor e a organização chegarão a um acordo justo e razoável.

As organizações gastam milhões criando políticas, procedimentos, documentos de conformidade e afins. As regras escritas e tácitas contribuem com a construção da confiança. Se você é um empreendedor novato e não gosta de regras, pergunte a alguém que pediu financiamento duas ou três vezes, ou que vendeu uma empresa, para saber o que foi que fechou um acordo ou acabou com ele. Muitas vezes, a busca de informações (due diligence) é determinante, e esse processo busca as regras e brechas, e o risco em sua ausência. Você pode achar lindo e maravilhoso criar e desenvolver um negócio com seu melhor amigo, que você ama e em quem confia, mas não investiria as economias de sua vida sem algumas regras, não é?

Veja perguntas que o coach pode usar ao trabalhar confiança com o cliente:

» Se pensar em sua empresa, em quem confia e por quê?
» Você confia até que a confiança acabe ou espera que as pessoas a ganhem?
» Onde estão as fraquezas de seu sistema? Onde estão os riscos e quem cuida dessas áreas? Como confiar que as pessoas farão isso bem? Como verificar?
» Há alguma área na empresa que se beneficiaria com seus esforços em gerar confiança na direção que ela está tomando?
» Quais interessados gostam de você? Quais confiam em você?
» Quem, na diretoria, substituiria você amanhã? Por quê?
» Onde você está contribuindo para potenciais desconfianças como líder?
» Como você pode criar mais conversas de coaching abertas e de confiança?
» Como as pessoas pelas quais você é responsável pelo coaching sabem que têm sua confiança e que podem confiar em você?

Orientar pessoas a respeito de disputas é útil. Um líder pode achar difícil ser criticado por seu pessoal, diretoria, imprensa ou durante uma reunião com os interessados. Saber ouvir e dar espaço para as pessoas desabafarem suas frustrações é uma parte valiosa na relação de coaching. A função do coach não é resolver o problema do coachee ou fazê-lo se sentir melhor com chavões, meditação conjunta e cantos. A função é ajudá-lo a recuperar a perspectiva, lembrar-lhe de seus sucessos, das vezes em que lidou com coisas assim antes, ajudá-lo a ver sua realidade por inteiro. Dito isso, um pouco de meditação plena e consciente é uma boa sugestão às vezes.

Tendo a Coragem de Se Desapegar

De vez em quando, as coisas simplesmente não funcionam, e os líderes precisam socorrer funcionários, encorajá-los ou exigir que sigam em frente. Os coaches podem ajudar os líderes a se preparar para essas conversas ajudando os clientes a antecipar as reações que podem ocorrer e trabalhá-las. Coragem envolve falar com franqueza. Alguns líderes precisam de ajuda para estruturar essas conversas honestas. Ao terminar um relacionamento, a maneira como se fala as coisas muitas vezes é tão importante quanto o que é dito.

Praticar um diálogo pode ser útil quando você precisa ter uma conversa difícil. Você pode usar a técnica da cadeira vazia como ferramenta de autocoaching ou com um coach o guiando e apoiando. Pode parecer um pouco estranho no começo, mas vá adiante. Siga estes passos:

1. **Pegue três cadeiras e organize-as, duas de frente e outra ligeiramente distante, em uma configuração triangular.**
2. **Sente-se na primeira cadeira e fale com a cadeira vazia.**

   Imagine a pessoa com quem você precisa ter a conversa difícil sentada ali. Realmente imagine-a. Veja como se sentaria, o que vestiria, como agiria se estivesse na sua frente. Imagine-a apenas ouvindo o que você tem a dizer.
3. **Vá até a cadeira da outra pessoa e sente-se. Imagine que você é a pessoa ouvindo o que acabou de ouvir.**

4. **Espere um minuto até ter absorvido tudo e responda como imagina que a pessoa responderia.**

5. **Volte para a cadeira original e vá trocando, em ambas as posições novamente.**

6. **Sente-se na terceira cadeira e imagine que você não faz parte desse diálogo, apenas o observa.**

   O que percebe? O que está ajudando? O que não está? Se estivesse aconselhando a pessoa sentada na primeira cadeira a fazer algo de forma diferente ou fazer mais outra coisa, o que seria?

7. **Pense em como lidará com essa conversa agora, então converse ou marque na agenda.**

DICA

Essa técnica é útil em vários contextos, como ao tentar descobrir quais objeções pode haver para uma proposta que você está fazendo, por exemplo. Trocar de lugar nas cadeiras, em um sentido literal, faz diferença. Não fique tentado a deixar esse detalhe de fora.

NESTE CAPÍTULO

» **Comunicando-se em vários níveis de consciência**

» **Entendendo como as pessoas tomam decisões**

» **Influenciando decisões ao mudar sua comunicação**

Capítulo **15**

Engajar, Informar e Influenciar

Seres humanos são falantes e sociais. Somos mestres da comunicação e, mesmo em nossos breves momentos de silêncio, nós nos comunicamos. Desenvolvemos a habilidade de nos comunicar além das fronteiras de gênero, idade, raça e cultura, possibilitando a criação de alianças para o bem e para o mal.

A Importância da Comunicação Efetiva

Comunicações implícitas são padrões, conceitos e princípios comuns que influenciam o comportamento social. Entender e ser capaz de usar esses parâmetros em seu coaching permite que você e seus clientes se tornem comunicadores melhores e mestres da persuasão e influência em vários contextos empresariais. A comunicação efetiva é cada vez mais reconhecida como um determinante-chave do sucesso empresarial.

Esse reconhecimento resultou em uma proliferação de programas de coaching e treinamento, e um coach pode se especializar em todos: redação, apresentações digitais e presenciais, vendas, serviços ao consumidor, negociação e mediação. Tudo isso influencia o comportamento, e o denominador comum a todos esses programas é:

- » Como as pessoas processam internamente a comunicação.
- » E como são influenciadas pela comunicação a tomar decisões.

Esses conceitos se aplicam a muitos contextos empresariais, como:

- » Marketing:
  - Capturar a atenção do consumidor e engajá-los em negócios.
  - Criar poderosas associações de marca.
- » Vendas:
  - Levar as pessoas a dizer sim, com certeza.
  - Superar as objeções às propostas.
- » Negociação e resolução de conflitos:
  - Superar diferenças de opinião aparentemente intransponíveis.
  - Criar situações nas quais as diferenças não importem.
- » Ganho de conformidade:
  - Assegurar que as pessoas ouçam para aprender.
  - Fazer as pessoas seguirem as declarações.

Mais Rápido que o Pensamento

Veja dois conceitos sobre como a mente processa a comunicação, o que, em última instância, afeta e influencia o comportamento:

» **A comunicação é verbal e não verbal.** A mente processa milhões de dados por segundo, em nível inconsciente. Tudo o que vê, ouve, sente, cheira e prova é processado, mesmo sem você estar consciente disso. Gostando ou não, o exterior influencia a maneira como você interpreta, pensa, sente e age.

Pesquisas mostram que, enquanto processamos comunicações verbais, estamos conscientes e somos influenciados 7% pelas palavras (o que é dito), 38% pela voz e tom (como essas palavras são ditas) e 55% pela linguagem corporal (que não é dita).

» **Você não consegue não processar a comunicação.** Assim que a comunicação verbal ou não verbal é feita, o ouvinte a processa, independentemente de estar consciente ou não dela. O pacote de informação foi entregue.

Por exemplo, pense em uma situação na qual você disse a um cliente: "Apenas imagine como esse empreendimento pode ser bem-sucedido." Para entender a frase, o cliente primeiro precisa criar uma imagem em sua mente de como imagina que seria um empreendimento bem-sucedido. Você influencia seus clientes com tudo o que diz e faz, estejam eles (ou você) conscientes do nível de influência ou não. Com sua comunicação, você os leva a criar imagens em suas mentes e, dessa forma, influencia seus comportamentos. Eles também fazem o mesmo com seus consumidores, fornecedores e colegas em toda comunicação, em todos os formatos e mídias.

DICA

Se os clientes querem se engajar, informar e influenciar, primeiro precisam ganhar a atenção do ouvinte (receptor). Uma maneira simples de conseguir essa atenção é fazer uma pergunta que force os ouvintes a se engajarem na comunicação, assim, eles ficam instigados. Ganhe sua atenção primeiro; depois, crie interesse (curiosidade) e desejo; e instrua-os sobre qual ação tomar.

DICA

Sempre que tiver a oportunidade de demonstrar seu coaching e efetividade, receba isso como um presente. Dê aos clientes a experiência de coaching em vez da teoria; essa é uma oportunidade de convencê-los dos benefícios do que você faz. Esses benefícios são um poderoso influenciador para os clientes e seus consumidores quando se trata de tomar decisões sobre comprar algum produto ou serviço.

Entender o poder desses dois conceitos, nos quais as comunicações verbal e não verbal são processadas inconscientemente, e a comunicação acontece independentemente de o receptor estar consciente dela, abre toda uma caixa de ferramentas de comunicação e conceitos disponíveis para você e seus clientes.

DONOS DE EMPRESAS

A arquitetura da escolha, creditada ao professor Richard Thaler, da Universidade de Chicago, é um conceito que argumenta que reforço positivo e sugestões indiretas influenciam a tomada de decisão de grupos e indivíduos, pelo menos tão eficientemente quanto, senão mais, imposições, instruções diretas ou legislação. Considere, em sua empresa, como você direcionou a equipe para implementar ações que foram ignoradas ou, pelo menos, evitadas. A arquitetura da escolha usa o conceito da comunicação inconsciente para direcionar as pessoas a tomarem um caminho desejado de ação, que pareça escolhido por elas, em vez de influenciado.

Quando a pessoa influenciada (ou incentivada) pensa que tomou a decisão de seguir um caminho de ação sob a própria vontade, sente que tem domínio sobre suas ações e tende a defender sua decisão, sendo consistente com suas ações.

Por que as Pessoas Dizem Sim

Imagine uma geladeira com a porta aberta. Dentro, há aipo e cheesecake. O que você escolhe? Por trás da opção pela cheesecake, há muito processamento interno de informação.

Várias perguntas-chave, que a mente se faz, influenciam as pessoas a dizer sim e não (dois lados da mesma moeda), como:

- » O que valorizo ou o que é importante para mim?
- » O que tento evitar? (Isso também é entendido como dor, que se manifesta nas esferas sexual, social, financeira, emocional ou mesmo a dor física.)
- » O que busco? (Isso é entendido como prazer, seja físico, sexual, social, financeiro ou emocional.)

A mente processa essas variáveis e apresenta a resposta. O processamento ocorre em uma fração de segundo, e a resposta é dada sob a forma de imagens mentais. No cenário da geladeira, se a resposta for aipo (por mais improvável que seja), a imagem mental do aipo e do que ele significa para o indivíduo parecerão mais atraentes do que a maneira como o cheesecake é representado.

Os dois processos inconscientes de tomada de decisão são explorados em negociações, publicidade e vendas, embora a maioria dos profissionais dessas áreas não se dê conta de que o que faz e diz influencia e muda suas imagens mentais. Por exemplo:

- » O negociador pode apontar o sofrimento e os custos de alguém se manter em uma posição e criar uma imagem de desejo discutindo os benefícios de se concordar com uma nova posição.
- » O vendedor muitas vezes descreve a aflição financeira de perder uma oferta e o prazer e os benefícios de comprar o produto, com frequência fazendo com que as pessoas o segurem ou testem o serviço para, de fato, experimentarem o resultado desejado.
- » Os publicitários criam imagens de estilo de vida associadas ao produto, para que o espectador se imagine consumindo o produto ou vivendo o sonho, participando do cenário criado.

DICA

Esses processos são apenas duas maneiras de influenciar as ações e decisões das pessoas e de fazê-las dizer sim:

- » Se tiverem escolhas, use sua comunicação para diminuir as imagens referentes a elas e aprimore a ideia da escolha que você deseja.
- » Use a comunicação verbal e a não verbal para criar imagens nas quais as pessoas vejam resultados que as façam se sentir bem.

Influenciando e Persuadindo

Ao influenciar ou persuadir, sempre tenha o objetivo em mente e considere o que pode ser um obstáculo ou impedimento para o atingir.

A palavra *manipulação* é emocionalmente carregada, especialmente no contexto de influenciar e persuadir. Para muitas pessoas, implica ser desleal. A palavra *manipulação* significa "usar ou alterar (números, informação e daí em diante) de maneira ardilosa ou para um propósito em particular". Se incluirmos aí "ou mudar em um sentido em particular", fica claro que, sem alterar consumidores, colegas ou fornecedores no sentido de dizerem sim, nenhum negócio aconteceria. É a intenção por trás da manipulação que é importante.

DICA

Há bastantes clientes de coaching querendo usar a persuasão e influência de forma ética. Melhor recusar um projeto do que se envolver em algo que vai contra sua moral. Use esse modelo simples para decidir em quais projetos orientar clientes e para quais dizer não. Se os resultados forem:

- » **Ganho** (para o comunicador) e **ganho** (para o ouvinte), diga **sim.**
- » **Ganho** (para o comunicador) e **perda** (para o ouvinte), diga **não.**
- » **Perda** (para o comunicador) e **ganho** (para o ouvinte), diga **não.**

DONOS DE EMPRESAS

O termo *liderança tóxica* tem sido usado para descrever a taxa de fracasso dos CEOs. Nas últimas duas décadas, 30% dos CEOs da lista da *Fortune 500* duraram menos de dois anos, com estudos que mostram taxas de fracasso de CEOs variando de 30% a 75% nos primeiros três anos de permanência. A liderança tóxica é um fenômeno que opera a partir de uma perspectiva de ganho/perda e é conduzida por arrogância, ego e falta de inteligência emocional.

Valorizar a importância de uma relação vantajosa com colegas, equipe, consumidores e fornecedores aumentará seu valor no trabalho, eficiência e longevidade.

São Precisos Dois para Influenciar

Pense em engajar, informar e influenciar como uma interação elegante, uma dança entre o comunicador e o receptor. O comunicador é quem a comanda, manipulando e levando o receptor gentilmente em uma direção desejada. O comunicador presta atenção em como o receptor reage a seu comando, e, se o receptor começar a sair do compasso, o comunicador gentilmente o guiará mudando paulatinamente sua comunicação. Esse processo é conhecido como *passo e comando*.

DICA

O segredo de uma boa influência é prestar atenção no feedback do receptor da comunicação e testar se está atingindo os resultados desejados, ou, pelo menos, indo na direção correta em geral.

Todas as ferramentas a seguir manipulam. Seria um desperdício que os clientes não as utilizassem para fazer as pessoas dizerem sim em um cenário de ganho mútuo.

Prestando atenção

O exercício a seguir sobre o poder de prestar atenção melhora suas habilidades de comunicação.

1. **Sente-se de frente para o cliente e peça-lhe para falar sobre um hobby ou atividade que ele ama, por três minutos.**

   Essa conversa deve ser de mão única, apenas ele deve falar.

2. **No primeiro minuto, preste atenção total, com todos os seus sentidos. Inclua muitos acenos de cabeça, sorrisos e murmúrios de consonância sem comentar.**

3. **Depois de um minuto, comece a se inquietar e distrair: boceje, tire a poeira da calça, limpe suas unhas ou dê uma olhada no celular.**

   LEMBRE-SE

   Em todas as vezes, enquanto finge distração, preste atenção ao que seu cliente estiver dizendo para repetir para ele no final do exercício.

   Uma das duas situações acontece. Ele pode falar com você com mais empenho, na tentativa de chamar sua atenção, mas isso raramente acontece. A resposta normal é ele parar de falar, porque você não está prestando atenção.

4. **Instrua-o a continuar falando e lembre-o que você está ouvindo.**

   Ele vai continuar, com relutância.

5. **Volte ao comportamento distraído enquanto ouve atentamente.**

6. **Depois de um minuto, volte à postura atenta pelo restante do tempo.**

7. **Então, ponha um fim no exercício.**

8. **Questione-o sobre a experiência.**

   Os feedbacks comuns são: "Enquanto você não estava ouvindo, eu me senti desconfortável", "Eu não conseguia falar" ou "Fiquei irritado". Então, relate para ele tudo o que foi dito enquanto você aparentemente não estava prestando atenção; ele ficará chocado com o fato de que você estava ouvindo.

Esse exercício ensina às pessoas duas lições valiosas sobre influência. Primeiro, elas descobrem o poder de prestar atenção total quando alguém se comunica; se as pessoas sentirem que alguém não está ouvindo, tendem a se desligar. Segundo, descobrem como pode ser fácil interpretar mal se alguém está prestando atenção.

LEMBRE-SE

Oriente os clientes a:

» Prestar total atenção quando alguém estiver se comunicando.

» Não supor que alguém ouviu o significado de sua comunicação, mas testar sua compreensão.

É essencial dominar essas duas habilidades, especialmente para negociadores, vendedores e profissionais de atendimento ao consumidor.

Escutar ativamente

Chamamos este exercício de "Papagaiar, e não parafrasear":

1. **Imagine que você é corretor de imóveis e faça seu cliente descrever uma casa ideal.**

   Instrua-o a descrever tamanho, localização, ambientes e características da propriedade.

2. **Durante a descrição, ouça e tome notas das duas coisas a seguir:**

   - A sequência e a ordem na qual ele cita as características.
   - As palavras que usa para descrever o quão importantes e necessárias são. Essas palavras são chamadas de *operadores modais* ou OMs. As palavras a se prestar atenção são *queria, gosto, preciso, teria/tem/não tem, deve/não deve, pode/poderia, não poderia* e *vai.*

3. **Depois que ele descrever a propriedade ideal, leia a lista três vezes e, a cada vez, pergunte-lhe como a informação é recebida. Como é a sensação?**

Por exemplo, ele diz: "Quero uma casa de dois andares; tem que ser no campo; deve ter quatro quartos, com duas suítes. Tem que ficar a 30 minutos de carro do meu escritório. Eu gostaria que tivesse uma cozinha ampla e ela precisa ter um jardim grande, de preferência, com um quintal para se sentar à noite."

4. **Primeiro, mude a sequência e teste a reação dele à descrição.**

"Então, tem que ficar a 30 minutos de carro do seu escritório; tem que ser no campo; deve ter quatro quartos; ela precisa ter um jardim grande, de preferência com um quintal para se sentar à noite. Você gostaria que ela tivesse uma cozinha ampla. E você quer uma casa de dois andares com duas suítes. Correto?"

5. **Segundo, repita a sequência original, mude os operadores modais e teste a reação dele à descrição.**

"Então, você gostaria de uma casa de dois andares. Poderia ser no campo; deve ter quatro quartos, com duas suítes; e você quer que seja a 30 minutos de carro do seu escritório. Precisa ter uma cozinha ampla e você gostaria que tivesse um jardim grande, que deve ter um quintal para se sentar à noite. Correto?"

6. **Terceiro, repita a sequência original e use os operadores modais como ele os apresentou e teste a reação à descrição.**

"Então, você quer uma casa de dois andares. Tem que ser no campo. Ela deve ter quatro quartos, com duas suítes. Tem que ficar a 30 minutos de carro do seu escritório, e você gostaria que tivesse uma cozinha ampla. Ela precisa ter um jardim grande, de preferência com um quintal para se sentar à noite."

Com as duas primeiras descrições, ele terá problemas para reconhecer a propriedade ideal e pode até rejeitar enfaticamente o que você disse, pois, simplificando, não é o que ele pediu. Você não estava ouvindo. Mudando a sequência e os operadores modais, está lhe dando uma mensagem clara: "Escutei o que você falou, mas não estou realmente ouvindo e agora vou mudar tudo." Essa descrição é o equivalente verbal a tirar poeira de sua calça durante uma conversa. Com a terceira descrição, você o verá relaxar visivelmente à medida que reconhece sua descrição da propriedade ideal que descreveu.

Desenvolvendo consonância

Comunicar para engajar, informar e influenciar é mais fácil quando a consonância entre o comunicador e o receptor é evidente. *Consonância* representa ter confiança e harmonia em uma relação. Pense na consonância como parte da dança na qual o comunicador que tem necessidade de influenciar estende sua mão como um convite. Se o receptor se sentir confortável, estenderá a dele e dará ao comunicador permissão para guiá-lo. O comunicador consegue consonância para comandar o receptor em uma direção proposital, ao ponto de concordar ou dizer sim.

Influenciar é um processo de quatro passos:

1. **Consonância:** Consiga consonância. Maneiras de fazer isso serão abordadas nas próximas seções.
2. **Compreensão:** Quando a consonância é estabelecida, confiança e harmonia estão presentes, então o receptor se sente compreendido.
3. **Permissão:** Como o receptor se sente compreendido, ele (inconscientemente) dá permissão para ser comandado. Ele se dispõe a se engajar na comunicação.
4. **Influência:** Ele está agora mais disposto a ser influenciado pela comunicação.

Criando consonância de forma elegante

Aqui estão algumas maneiras como as pessoas experimentam e demonstram naturalmente consonância entre indivíduos e grupos:

» **Identidade:** Pessoas que compartilham a mesma identidade percebida muitas vezes têm uma consonância natural, em gênero, raça, religião, membros de grupos sociais, equipe ou organização.

» **Crenças e valores:** Considere todas as pessoas com quem você passa seu tempo. Em algum nível, vocês devem ter consonância sobre o que acreditam e valorizam, ou você não se associaria a elas. Esse conceito é abertamente usado em empresas quando declarações de valor ficam públicas. Um exemplo é a "ética" ou "comércio justo", nos quais as companhias declamam uma prática ética, dando aos consumidores que têm valores correspondentes a oportunidade de decidir usar seus produtos e serviços.

» **Habilidades e capacidades:** Pessoas com as mesmas qualificações ou nas mesmas profissões demonstram consonância natural por suas credenciais.

» **Ambiente:** Geralmente, as pessoas gostam de lugares com os quais estão familiarizadas ou que combinam com suas expectativas e as fazem se sentir confortáveis. Em termos de consonância, considere um coach empresarial que opere em um centro empresarial; tenha credenciais de treinamento na parede, um escritório profissional, limpo e organizado; e se vista de forma profissional. Compare esse cenário ao de um coach igualmente habilidoso e qualificado, que trabalhe na sala de casa, com fotografias da família expostas, e se vista casualmente. Um cliente que visita seu escritório em casa pode valorizar a abordagem mais relaxada, ter valores familiares similares e achar que as fotos de família criam consonância; mas, em geral, é melhor criar um ambiente que combine com as expectativas da maioria.

CUIDADO

Não tente criar consonância com identidade, crenças e valores se não existir. Fingir ser algo que você não é nunca é uma boa estratégia para criar confiança. Quando não existe consonância natural, a maneira mais fácil de criá-la é com habilidades, capacidades e comportamentos particulares.

DICA

Aqui estão quatro maneiras de conseguir consonância a nível comportamental:

- Padrões linguísticos compatíveis.
- Movimentos corporais e gestos compatíveis.
- Tom de voz, volume e ritmo compatíveis.
- Roupas compatíveis.

LEMBRE-SE

O propósito de criar consonância é criar uma relação para que o receptor sinta confiança (mesmo em um nível inconsciente) e compreensão, assim, ele dará permissão para ser influenciado.

Entendendo os sistemas de representação

Todos nos comunicamos usando uma combinação de linguagem que expressa os cinco sentidos: visão, audição, tato, olfato e paladar. São conhecidos como *sistemas de representação*. As palavras sensoriais que as pessoas usam na comunicação para representar sua experiência são chamadas de *predicados*.

A maioria das pessoas tem um sistema de representação preferido, usado com mais frequência e com o qual se sente confortável. Se uma pessoa, cujo sistema de representação favorito é visual e tende a se comunicar usando predominantemente predicados visuais, fala com alguém cujo sistema de representação preferido é auditivo, às vezes, elas podem usar linguagens diferentes porque não têm consonância. Por exemplo:

Gestor: "Continuo falando, mas você continua dizendo que não entende o que quero dizer." (O sistema de representação preferido é auditivo.)

Supervisor: "Entendo o que está dizendo, mas ainda não parece claro para mim." (O sistema de representação preferido é visual.)

DICA

Escute ativamente as palavras que as pessoas usam em sua linguagem, porque elas deixam pistas do seu sistema de representação preferido pelos predicados que geralmente usam. A Tabela 15-1 lista alguns predicados que as pessoas comumente usam no mundo dos negócios.

TABELA 15-1 Palavras Sensoriais Comumente Usadas

Visual	Auditivo	Sinestésico	Olfativo	Gustativo
Analisar	Afirmar	Agitar	Aroma	Acentuado
Antever	Anunciar	Aperto firme	Buquê	Amargo
Assistir	Articular	Ativo	Cheiros	Apetitoso
Clareza	Comentar	Carga	Doce	Azedo
Escopo	Conversar	Concreto	Essência	Delicioso
Examinar	Declarar	Dar suporte	Fede	Doce
Focar	Discutir	Emocional	Fragrância	Fresco
Ilustrar	Dizer	Intuição	Mau cheiro	Picante
Mostrar	Enunciar	Movimento	Mofado	Salgado
Observar	Escutar	Mudança	Odor	Simples
Olhar	Expressar	Pegada	Podre	Suave
Parecer	Falar	Pressão	Pungente	

Visual	Auditivo	Sinestésico	Olfativo	Gustativo
Perceber	Manifestar	Segurar		
Percepção	Mencionar	Sensível		
Pesquisa	Ouvir	Sentir		
Ver	Pronunciar	Tocar		
Visão	Ruído			

Dominar as habilidades de consonância requer prática. As seções a seguir mostram quatro exercícios para você e seus clientes praticarem no grande laboratório do cotidiano.

Essas habilidades requerem prática, mas são poderosas para criar consonância onde pode não haver nenhuma. Você começará a ver exemplos de pessoas naturalmente em consonância, seja em termos linguísticos ou no tocante aos sentidos e expressão corporal.

IDENTIFICANDO O SISTEMA DE REPRESENTAÇÃO PREFERIDO DE ALGUÉM

Para identificar os sistemas de representação preferidos, tente este exercício:

1. **Divida um pedaço de papel em cinco colunas intituladas Visual, Auditivo, Sinestésico, Olfativo e Gustativo (como na Tabela 15-1).**
2. **Trabalhe com um parceiro e peça-lhe para falar por cinco minutos sobre um assunto que ele ama.**
3. **Faça uma marca abaixo da respectiva coluna quando ouvir, perceber ou sentir que ele usou uma palavra predicativa sensorial.**

4. **Depois de cinco minutos, conte a pontuação dos predicados de cada sentido.**

   O sentido que ele usou mais em sua linguagem é seu sistema de representação preferido.

Se possível, tenha duas ou mais pessoas fazendo as marcações para poder comparar os resultados. Geralmente, as duas pessoas vão concordar; talvez, com algumas discrepâncias. Para melhorar sua habilidade de identificar o sistema de representação preferido de alguém para que seja natural, assista e ouça TV com uma marcação.

ADEQUANDO-SE AO SISTEMA DE REPRESENTAÇÃO PREFERIDO DE ALGUÉM

Para se adequar aos sistemas preferidos dos outros, tente este exercício:

1. **Trabalhe com alguém de quem você já tenha identificado um sistema de representação preferido.**

   Se, por exemplo, for predominantemente visual, fale com ele por dois minutos sobre um assunto que você gosta usando predominantemente predicados visuais.

2. **Depois de alguns minutos, pare e repita a conversa usando outros predicados sensoriais.**

3. **Pergunte ao seu parceiro sobre sua experiência.**

   Qual das duas conversas ele preferiu? Embora o assunto fosse o mesmo, o parceiro quase certamente preferiu a primeira versão, porque você usou sua linguagem.

COMBINANDO MOVIMENTOS E GESTOS CORPORAIS

Tente este exercício para compatibilizar movimentos e gestos corporais:

1. **Vá para um lugar silencioso, como uma biblioteca, e escolha um parceiro desavisado. Sente-se a uma distância da qual o possa observar sem ser observado.**
2. **Perceba o ritmo da respiração.**

   A melhor maneira de fazer isso é observando o subir e descer dos ombros.

3. **Combine sua respiração com a dele.**
4. **Faça essa respiração por alguns minutos até que estejam sincronizados; então, lentamente, acelere ou desacelere seu ritmo de respiração.**

   O desavisado seguirá seu comando. Embora esteja inconsciente desse fenômeno, ele estará em consonância com você.

5. **Combine a respiração por mais alguns minutos; depois, faça um gesto e espere que ele siga o seu.**

   Com prática, você consegue fazer as pessoas seguirem seus comandos.

COMBINANDO TOM DE VOZ, VOLUME E RITMO

Neste exercício, você combina tom, volume e ritmo de voz:

1. **Converse com um colega prestando atenção ao ritmo de sua respiração.**
2. **Então, tome consciência da velocidade e volume que ele usa.**
3. **Iguale sua respiração e fale com ele na mesma velocidade e volume.**
4. **Lentamente, reduza o volume e a velocidade da conversa para que ele comece a desacelerar também.**

Escolhendo palavras que podem, devem e vão fazer a diferença

Você já conheceu alguém que disse que faria algo, mas não agiu de forma condizente? Esse hábito lastimável é comum nos negócios, especialmente depois de reuniões nas quais instruções foram dadas ou acordos foram feitos, mas as pessoas ainda não fizeram sua parte.

Os pensamentos precedem as ações, e, quando as pessoas conseguem se ver atuando como em um filme mental e atingindo um resultado bem-sucedido, elas se envolvem na atividade.

Use este exercício para avaliar como mudar uma palavra em uma frase influencia como se sente ao tomar uma ação e seu provável comportamento decorrente.

1. **Repita as frases abaixo, uma de cada vez, em sua cabeça, usando sua voz interna.**

   Conforme diz cada frase, pare e perceba como se sente.

2. **Conforme faz o exercício, compare os sentimentos decorrentes de cada frase.**

   Em uma escala de 0 a 10, na qual 0 é sem motivação para agir e 10 é totalmente motivado, perceba a motivação de cada frase.

   Comece supondo que você tem o poder de tirar folga na segunda-feira e diga para si mesmo:

   - "Eu *queria* poder tirar folga na segunda-feira." Perceba o sentimento motivacional e classifique-o de 0 a 10.
   - "Eu *gostaria de* tirar folga na segunda-feira." Perceba o sentimento motivacional e classifique-o de 0 a 10.
   - "*Quero* tirar folga na segunda-feira." Perceba o sentimento motivacional e classifique-o de 0 a 10.

- "*Preciso* tirar folga na segunda-feira." Perceba o sentimento motivacional e classifique-o de 0 a 10.
- "Eu *deveria* tirar folga na segunda-feira." Perceba o sentimento motivacional e classifique-o de 0 a 10.
- "*Posso* tirar folga na segunda-feira." Perceba o sentimento motivacional e classifique-o de 0 a 10.
- "*Pretendo* tirar folga na segunda-feira." Perceba o sentimento motivacional e classifique-o de 0 a 10.
- "*Vou* tirar folga na segunda-feira."

Perceba que, mudando apenas uma palavra da frase, você obtém um grau diferente de motivação. Em geral, conforme as pessoas avançam na lista, sentem-se mais motivadas.

LEMBRE-SE

As pessoas e esses padrões de linguagem são únicos; portanto, algumas pessoas não cumprirão exatamente os mais típicos. Sempre trabalhe com o que a pessoa específica com quem se comunica lhe apresenta.

Agora, refaça o exercício; mas, dessa vez, preste atenção às imagens mentais que cria conforme diz as frases, tomando consciência dessa mudança.

Em geral, as frases no topo da lista são descritas como pouco claras ou banais; as pessoas sentem baixos níveis de motivação, e é provável que a atividade não ocorra. À medida que avançam na lista, as imagens se tornam mais claras e ativas, e há mais motivação para a ação desejada.

Teste outra frase e perceba o que acontece. Se disséssemos "Você *deve* tirar folga na segunda-feira", o que aconteceria com a imagem? Para a maioria das pessoas, quando outra lhe diz que deve fazer algo, a imagem mental desaparece. Diga às pessoas o que *devem* fazer e você apagará todos os pensamentos de sua mente. Sem pensamento = sem ação.

Com esse conhecimento sobre como a linguagem muda a motivação e o desejo de agir, considere estas frases e se a pessoa que as diz provavelmente cumprirá ou conseguirá que outras cumpram suas promessas. Ao lado de cada uma está uma frase reformulada, elaborada para influenciar o ouvinte e atingir os resultados desejados.

» "Eu gostaria que o relatório fosse concluído até segunda-feira" versus "O relatório precisa estar concluído e ser entregue no meu escritório na segunda-feira".
» "Queremos terminar esse projeto até o fim do mês" versus "Vamos definir o objetivo de ver o projeto pronto no fim do mês".
» "Os clientes devem ser informados de que devem devolver os contratos assinados antes de podermos enviar o produto" versus "Diga ao cliente para devolver os contratos assinados e o produto será enviado para eles em troca".

DICA

Para aumentar sua taxa de sucesso em influenciar as pessoas a agir, quando possível, remova completamente os operadores modais da comunicação ou use os mais motivadores.

Se Não Consegue os Resultados Desejados, Mude Sua Comunicação

Você conhece o ditado: "O significado da comunicação é a resposta que você recebe"? Quanto mais variedade os clientes tiverem na maneira como comunicam suas ideias, mais sucesso terão em alcançar seus resultados desejados.

Experimentos de psicologia social confirmam que nossas decisões e comportamentos são influenciados por muitas coisas além do que temos consciência. No livro de Robert Cialdini, *As Armas da Persuasão*, ele identifica seis princípios que influenciam inconscientemente as decisões, testados e validados com experimentos sociais.

Orientar clientes a usar esses princípios lhes dá muitas maneiras de influenciar. Com cada princípio, damos exemplos de como usá-los com eficiência nos negócios. Os princípios são os seguintes:

» **Reciprocidade:** As pessoas tendem a devolver um favor. Empresas que oferecem amostras grátis usam esse princípio para influenciar os compradores a se sentirem como se devessem um favor:
  - *Ofereça algo:* Faça com que se sintam em débito com você.
  - *Ofereça algo exclusivo:* Isso faz com que se sintam especiais.
  - *Personalize a oferta:* Assegure-se de que eles saibam que a oferta vem de você.

» **Compromisso e consistência:** Se as pessoas assumem um compromisso verbal, é mais provável que ajam, porque querem parecer coerentes e confiáveis:
  - *Peça às pessoas para começarem com pequenas ações:* Se tomarem a primeira atitude, é mais provável que sigam para a próxima.
  - *Encoraje compromissos públicos:* É menos provável que as pessoas voltem atrás em um acordo se fizeram uma declaração pública.

» **Prova social:** As pessoas fazem coisas que veem as outras fazendo:
  - *Usuários:* Aprovação de usuários atuais/anteriores, taxas de uso, avaliações e testemunhos.
  - *Pares:* Aprovação de amigos ou pessoas similares ao ouvinte.

» **Autoridade:** As pessoas tendem a obedecer ou agir de acordo com figuras de autoridade, especialistas e celebridades:
  - *Especialistas:* Aprovação de especialistas confiáveis na área relevante.
  - *Celebridades:* Aprovação ou aval de pessoas que são amplamente admiradas.

- **Gosto:** As pessoas são facilmente persuadidas por pessoas de quem gostam. Esse fato se deve a:
  - *Atração física:* As pessoas são influenciadas pela aparência. Esse infeliz fato da vida é claramente demonstrado no mundo da publicidade.
  - *Similaridade:* Comporte-se como um amigo, não como uma marca. Mostre às pessoas que você pode se relacionar com elas e entendê-las.
- **Escassez:** Se existe uma escassez percebida por um produto ou serviço, ela gera uma demanda como as seguintes:
  - *Número limitado:* O item está acabando e não estará disponível depois.
  - *Tempo limitado:* O item só está disponível durante um período fixo de tempo.
  - *Competição:* A inclinação é de querer mais as coisas porque outras pessoas também as querem. Essa tendência pode ser usada em leilões, ofertas ou contagens regressivas que mostram uma oferta decrescente.

Esses princípios são bem conhecidos e usados nos negócios, especialmente em marketing e vendas online, nos quais a internet e os e-mails fornecem plataformas econômicas para oferecer incentivos e comunicações múltiplas, incluindo todos ou alguns dos seis princípios.

LEMBRE-SE

Os princípios funcionam porque influenciam inconscientemente as decisões da pessoa que recebe a comunicação. É difícil discordar do que não temos consciência porque isso ultrapassa quaisquer resistências conscientes.